# Nobel Prizes
### in Economic Sciences

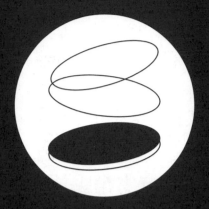

# 21世紀
# 諾貝爾經濟學獎
# 2001 $\rightarrow$ 2021

## 科學月刊社／著

目錄
Contents

# 序

文｜曾耀寰

距離上一次科學月刊的諾貝爾獎套書，已匆匆七年，世人常戲稱七
年之癢，我們科學月刊社總也得來點什麼。

《科學月刊》創刊超過五十年，上回諾貝爾獎套書集結2005年到
2015年發布的諾貝爾獎物理、化學和生醫三獎，編成三本品質精良、設
計優美的合籍。眾所皆知，諾貝爾獎是全世界科學的桂冠，由諾貝爾先
生所創立，第一次頒發於1901年，每年歲末都會公佈各獎項，《科學月刊》
自1973年以來，也都定時邀請國內相關領域的專家學者，將第一手資料
介紹給廣大讀者。自1992年，更以專輯形式，於每年12月出刊，長久逐
漸累積的文章，足以定期專書的形式出刊。

《科學月刊》有經濟科學（Economical Sciences）的文章？這可能令
一般人感到訝異，經濟不就是算算錢，怎有科學？算錢也不就是個數數，
最多和數學相關，但若細思，經濟的功能，如科學一樣，深入人類的生活，
而經濟活動的興衰與否，也和科學一般影響人類生活和生存，並且經濟
不僅是算算錢，經濟學也是門科學，自1968年開始，也新增了諾貝爾經
濟科學獎。

科學講究的是要有理論、要能解釋以往發生的事，並且要能預測將
會發生的事，可以實質比較驗證。就這個標準，現在的經濟學已能作到，

例如2013年諾貝爾經濟科學獎發給了「因在資產價格走勢的實證研究上有卓越貢獻」的三位學者；其中一位是芝加哥大學的法瑪（Eugene F. Fama），其主要的貢獻之一是「發展及完善了效率市場假說」。效率市場假說和實證研究都可以看出經濟學是一門科學。

以科學月刊多年累積的份量，這次由八旗文化的科普線品牌鷹出版將2001年2021年的三個諾貝爾獎項，再加上諾貝爾經濟學獎，以加倍（年份加倍）、超值（增加經濟學獎）的內容，宴饗大眾，值得購買珍藏。

曾耀寰：科學月刊社理事長

# 導讀
# 21世紀諾貝爾經濟學獎的頒獎趨勢及其代表的意義

文｜莊奕琦

## ● 經濟學獎的由來

「諾貝爾經濟學獎」為瑞典中央銀行於其成立三百週年（1668-1968）時為紀念諾貝爾所設立並於1969年首次頒獎，表彰經濟學領域傑出研究學者的最高獎項，此榮銜被廣泛認為是經濟學界的桂冠。儘管此獎項並不屬於諾貝爾遺囑中所提到的五大（物理學、化學、生理學或醫學、文學、和平）獎項，但一般認為經濟學獎與五大獎項地位相當，並在同一典禮上共同頒授。

其遴選的過程是由五位學者專家組成遴選委員會，於頒獎前一年的9月啟動作業，廣邀各界提名人選，次年2月提名截止後，將提名人選送交相關領域專家審查，6至8月由遴選委員會討論並撰寫審查報告及建議獲獎的提名人選，最後送瑞典皇家科學院，10月初進行表決，採多數決經半數同意後公告得獎名單，於12月10日舉行頒獎典禮。給獎原則不限於一位得主，每屆最多由3位得主共享，且只頒給尚在世者不追授，至於有關諾貝爾獎遴選過程的相關資訊需保密五十年後才會公開。頒獎

迄今（1969-2021）共53屆有89位得主，其中三分之二58位為美籍學者。2000年以來的22年中，共頒給45位，其中39位為美籍學者囊括了87%，得獎名單參見文末表一。本文分析重點將集中在21世紀以來頒獎的趨勢及其代表的意義。

## ● 經濟學的主流研究內涵

總體經濟理論與個體經濟理論研究是建構現代經濟學的主要基礎。21世紀以來獲獎屬總體經濟學研究有五屆，主要的貢獻分別為：動態化的一般均衡（2004）、跨期性決策分析（2006）、貿易與地理區位選擇（2008）、時間序列的因果關係（2011）、氣候變遷因素與內生化技術進步因子（2018）等，提出創新性理論，解釋並增進對整體經濟演變的了解。總體內生成長理論找出技術進步因子的內生化機制是一項重要貢獻，突破新古典成長理論的局限，其中的內生成長引擎包括：遞增的規模報酬、固定規模報酬的資本累積、人力（社會）資本及知識外溢、研究發展與創新、做中學習、制度變遷等，使吾人對如何創造長期經濟持續成長與發展有更深層次的了解。

在實證上，總體計量模型因加入動態與跨期決策分析的動態隨機一般均衡（Dynamic Stochastic General Equilibrium, DSGE）模型不僅可以實證解釋總體變量（如總產出、失業與物價膨脹）的演化，更可在人們存在理性預期（rational expectations）下分析與預測貨幣與財政政策的動態影響。此項實證總體經濟學（empirical macroeconomics）的進展，2011年的兩位得主對此各有不同的解讀，計量經濟學克里斯托福・席姆斯（Christopher Sims）將其視為強化實證模型的理論基礎嘗試，而經濟理論家湯瑪斯・薩金特（Thomas Sargent）則認為這是可以尋找一條產

生實證操作理論的系統途徑的機會。

在個體的理論基礎方面，市場機制設計有五屆：奠定機制設計的理論基礎（2007）、共有財的治理（2009）、市場設計與配對理論（2012）、契約理論（2016）、拍賣理論與可行方法（2020，2005）；資訊不對稱有兩屆：訊息理論（二手車、信號、保險）（2001）、搜尋摩擦的市場（2010）；市場結構有一屆：市場壟斷力與管制（2014）；賽局理論也有一屆：衝突策略與競爭合作（2005）。

## ◉ 入世經濟學：實證與研究方法益形重要

值得一提的是，現代經濟學是一門非常量化的社會科學，本世紀以來，尤其是過去十年間，研究方法論上的突破屢獲肯定，更加強化以科學的嚴謹態度來研究經濟與社會問題的取向。獲獎項目中包括：實驗經濟學（2002）、行為經濟學（2017）、貧窮與福利實證分析（2015）、減貧政策評估實驗（2019）、因果關係的實證檢測（總體分析2011, 個體分析2021）；還有創新的統計分析法有四屆：個人與家庭選擇行為（2000）、時間序列資料分析（2003）、資產價格實證（2013）、政策施行效果評估的類隨機控制實驗（2019）等。這些創新性的研究方法，企圖對社會科學假設性不足的補強與解決因果關係推論上蛋生雞或雞生蛋的兩難困境，包括理性經濟人的假設，不理性行為的合理解釋，代表性個體流於簡化，樣本的非隨機性，如選擇性與內生性，以及非可觀察的異質性等問題的處理，使統計量化分析的推論結果更為嚴謹與可靠。由於實證研究不僅可以檢證理論的實用性，也有助於對實際經濟運作的了解，並且具有相當的政策意涵，可提升公共政策的決策品質，來施行符合成本效益原則的有效政策。最後，提出幾個與個人生活息息相關的重要經濟理論。

## ● 資訊不對稱的交易

傳統經濟理論假設供需的買賣雙方是在具有完全的資訊（perfect information)下做交易，但在實際的情況下資訊經常是不完全或不對稱的，即有一方擁有比另一方更多的資訊，在這種資訊不對稱（asymmetric information）的情況下，擁有較充分資訊的一方會佔資訊較不充分一方的便宜。2001年的三位得主開啟了資訊理論（information theory）的研究而共享殊榮，喬治‧阿克洛夫（George Akerlof）指出在二手車市場，賣方比買方擁有更多的車況資訊，因此擁有資訊較多的賣方就會以魚目混珠以假亂真的方式賣給不知情的買方。結果可能會出現劣幣驅逐良幣的二手車都是爛車市場的均衡結果，也就是市場失靈，不存在好的二手車市場。麥可‧史彭斯（Michael Spence）則提出信號理論（signal theory）來解決資訊的不對稱，即會選擇有效而可信的信號來替代資訊的不足，例如以學歷來衡量看不見的個人能力，學歷就變成一個求職選用人才的信號指標，這就解釋為何存在文憑主義的現象，由於競爭結果在信號理論也會出現獲取更多信號的過度教育現象。史迪格里茲指出在保險行業，買保險的人比賣保險的公司有更多的投保標的資訊，而造成逆選擇（adverse selection）與道德危機（moral hazard）的問題，佔保險公司的便宜。因此如何設計固定扣除額與不同保費費率讓消費者去自我選擇而分離出其潛在的投保屬性將是廠商重要的定價策略。

## ● 共有財的有效治理

1991年得主新制度學派的寇斯（Ronald Coase）提出的寇斯理論（Coase theorem），說明在沒有交易成本時，只要所有權明確，不需要政

府的干預，透過私部門協商將可有效解決外部性（externality）問題。但當出現無主的共有財（commons）時，通常會出現所謂的共有財的悲歌（the tragedy of the commons），如公海因濫捕的結果造成漁場的枯竭。2009年得主同時也是經濟獎頒給的第一位女性，埃莉諾・歐斯卓姆（Elinor Ostrom）從實證的觀察提出有效的共有財治理模式，歐斯卓姆指出只要使用該資源的人在實體上靠近它並且彼此有關係，則共有財就可以在沒有政府或私人控制的情況下進行有效的集體管理。將公有財依當地的特殊屬性賦於特定群體或形成特定的社區有管理權，將可有效管理共有財而避免共有財悲歌的結局，因為有發言權的域內人士在資源管理中將自我監管，以確保所有參與者遵守社區規則。例如共有水源的村落間協調輪流用水的約定做法即可維持水源的永續有效利用，或海灘給於當地的衝浪愛好者團體有管理權，來訂定治理規則就可維持美麗的沙灘與有秩序的衝浪環境。

## ● 不理性行為的合理解釋

　　傳統經濟學假設理性的經濟人，功利主義追求效用極大化。真實人類與理性經濟人是有差異的，由於有限的理性（limited rationality）、社會偏好（social preferences）、與缺乏自我控制能力（lack of self-control）會造成人們經常幹一些蠢事，致使個人經濟行為決策上出現系統性錯誤，影響經濟表現結果，尤其是在金融市場的投資決策。心理影響和偏見會影響投資者個人的行為和決策，2002年得主心理學家丹尼爾・康納曼（Daniel Kahneman）認為人們並不總是根據理性的自利，以效用最大化的預期效用理論做預測。而共同的認知偏見則包括錨定效應、計畫謬誤和錯覺控制。丹尼爾・康納曼和阿莫斯・特沃斯基（Amos Tversky）的前景理論（prospect theory），指出每個人基於初始狀況的不同，對風險會有

不同的態度，損失比相同數量的收益具有更大的情感影響。故我們傾向於採用不是以邏輯而是以非理性諸如感知公平和損失厭惡之類的情緒、態度和記憶做為行為指導方針。特沃斯基因於1996年過世而無緣得獎。

2017年得主，行為經濟學之父理察・塞勒（Richard Thaler）指出人類並非完全理性，而是有熱情有偏見且衝動的。稟賦效應認為同樣的風險，如果要補償你多冒萬分之一生命危險的風險報酬與如果要付出你減少萬分之一生命危險的風險支出相比，你對前者肯花的金額要比後者高出許多，即相較下人們較不捨得放棄已有的權利。沉沒成本效應指出投入的資源已經實現了，故應根據新投入成本所帶來的相對報酬，即邊際成本等於邊際效益來做出選擇，但人們卻仍在意於他們先前已經投入的資源。如已經買好票去看電影，就算是已經知道是爛片也會把它看完。同樣的，人們將一直進行搜尋直到其期望的利益相對於初始參考值的比例下降到一個關鍵的恰到好處的數字即停止，而不是直到邊際預期利益等於搜尋的邊際成本。因此，你會在意為價格 100 美元的產品去努力爭取節省 10 美元，但卻不在意為價格 1000 美元的產品去爭取節省同樣的 10 美元。當意識到自己會意志薄弱的情況下，人們將會做預先承諾來限制其行為，這解釋為什麼退休金總是會出現不足額提撥的情況。還有出於社會偏好，人們願意承擔成本來懲罰他們認為不公平的行為。

## ● 有效脫貧的政策

脫離貧窮一直是經濟發展的重要議題。實證上，2019年兩位夫妻檔得主阿比吉特・巴納吉（Abhijit Banerjee）和艾絲特・杜芙若（Esther Duflo）（她是經濟獎最年輕〔46歲〕得主同時也是第二位的女性得主）研究降低全球社會貧窮的政策評估分析，利用醫療與教育落後的開發中國家

如印度和非洲國家的偏鄉地區，以類似實驗的隨機控制試驗方式進行田野調查，研究發現增加教育或醫療資源並不必然帶來提高教育或醫療品質的效果。多僱用一個臨時教師要比採用小班制教學更能有效提升教育品質；多上一天課或增加課程教材並不會提高學生平均的學習成績，只會提高能力強的學生的考試分數；如果學生考試成績好就給予教師獎勵的誘因並不會提高學生的學習成效，反而造成老師為考試而只教考試的東西，並不能真正增加學生的學習。窮人對於預防性醫療的產品具有非常高的價格彈性，故免費提供或補貼醫療預防的產品則更能夠促進窮人的醫療投資，改善並避免窮人為了治療的高費用支出負擔。另外，脫貧的主流想法主張除非想辦法讓所得提高，否則脫貧無望。2015年得主安格斯‧迪頓（Angus Deaton）則提出不同見解，認為健康才是脫貧的首要，健康的改善不必然先需要所得的成長，尤其當儲蓄相對較為便宜時，有利於健康醫療的改善，進而增加生產力與所得，故縮小健康差距即可降低所得差距。

## ◉ 結語

目前人類的發展正處於重要的轉折點，經濟的快速成長卻伴隨所得與財富分配的更加不均，中低收入家庭與弱勢族群生活品質加速惡化、人口老化與少子化致使人口紅利消失，勞動力持續減少與社會保險和年金制度瀕臨財務困境，還有溫室效應與氣候變遷帶來全球暖化的環境破壞等重要議題亟待解決。展望未來發展，如何維持人類的永續發展將是本世紀經濟學家們肩負的艱鉅挑戰；無疑的，對此有顯著貢獻者將是諾貝爾經濟學獎未來頒獎的對象。

莊奕琦：現任國立政治大學經濟學系特聘教授

## 表一　21世紀諾貝爾經濟學獎得主名單

| 年份 | 姓名 | 國家 | 學術貢獻 |
|------|------|------|----------|
| 2000 | 詹姆士・海克曼<br>（James J. Heckman） | 美國 | 發展個人和家庭行為的統計分析方法 |
|      | 丹尼爾・麥克法登<br>（Daniel L. McFadden） | 美國 | 發展個人和家庭行為的統計分析方法 |
| 2001 | 喬治・阿克洛夫<br>（George A. Akerlof） | 美國 | 資訊不對稱理論分析 |
|      | 麥可・史彭斯<br>（A. Michael Spence） | 美國 | 資訊不對稱理論分析 |
|      | 喬瑟夫・史迪格里茲<br>（Joseph E. Stiglitz） | 美國 | 資訊不對稱理論分析 |
| 2002 | 丹尼爾・康納曼<br>（Daniel Kahneman） | 美國、<br>以色列 | 將心理學研究融入經濟科學，特別是關於不確定性下的人類判斷和決策 |
|      | 弗農・史密斯<br>（Vernon L. Smith） | 美國 | 建立以實驗室實驗作為實證經濟分析的工具 |
| 2003 | 羅伯特・恩格爾<br>（Robert F. Engle） | 美國 | 時間序列數據分析技術的發展 |
|      | 克萊夫・葛蘭傑<br>（Clive W.J. Granger） | 英國 | 時間序列數據分析技術的發展 |
| 2004 | 基德蘭<br>（Finn E. Kydland） | 挪威 | 對動態總體經濟學的貢獻 |
|      | 普列斯卡<br>（Edward C. Prescott） | 美國 | 對動態總體經濟學的貢獻 |
| 2005 | 羅伯特・歐曼<br>（Robert Aumann） | 以色列 | 對賽局理論分析的貢獻 |
|      | 湯瑪斯・謝林<br>（Thomas Schelling） | 美國 | 對賽局理論分析的貢獻 |
| 2006 | 艾德蒙・費爾普斯<br>（Edmund Phelps） | 美國 | 總體經濟政策的跨期選擇分析 |

| 2007 | 赫維克茲<br>（Leonid Hurwicz） | 美國 | 奠定機制設計理論的基礎研究 |
|---|---|---|---|
| | 埃里克・馬斯金<br>（Eric Maskin） | 美國 | 奠定機制設計理論的基礎研究 |
| | 羅傑・梅爾森<br>（Roger B. Myerson） | 美國 | 奠定機制設計理論的基礎研究 |
| 2008 | 保羅・克魯曼<br>（Paul Krugman） | 美國 | 貿易模式和經濟地理區位分析 |
| 2009 | 埃莉諾・歐斯卓姆<br>（Elinor Ostrom） | 美國 | 經濟治理分析，尤其是公共財 |
| | 奧利弗・威廉森<br>（Oliver Williamson） | 美國 | 經濟治理分析，尤其是組織管理 |
| 2010 | 彼得・戴蒙德<br>（Peter Diamond） | 美國 | 搜尋摩擦的市場分析 |
| | 戴爾・摩坦森<br>（Dale Mortensen） | 美國 | 搜尋摩擦的市場分析 |
| | 克里斯托福・皮薩瑞德<br>（Christopher A. Pissarides） | 塞浦路斯、英國 | 搜尋摩擦的市場分析 |
| 2011 | 湯瑪斯・薩金特<br>（Thomas J. Sargent） | 美國 | 總體經濟因果關係實證研究 |
| | 克里斯托福・席姆斯<br>（Christopher A. Sims） | 美國 | 總體經濟因果關係實證研究 |
| 2012 | 艾爾文・羅斯<br>（Alvin Roth） | 美國 | 研究市場設計和配對理論 |
| | 羅埃德・夏普利<br>（Lloyd Shapley） | 美國 | 研究市場設計和配對理論 |
| 2013 | 尤金・法瑪<br>（Eugene F. Fama） | 美國 | 資產價格的實證分析 |
| | 拉爾斯・韓森<br>（Lars P. Hansen） | 美國 | 資產價格的實證分析 |
| | 羅伯・席勒<br>（Robert J. Shiller） | 美國 | 資產價格的實證分析 |

| 2014 | 讓·提侯<br>（Jean Tirole） | 法國 | 市場壟斷力與管制分析 |
|---|---|---|---|
| 2015 | 安格斯·迪頓<br>（Angus S. Deaton） | 英國 | 消費、貧困和福利分析 |
| 2016 | 奧利弗·哈特<br>（Oliver Hart） | 英國 | 對契約理論的貢獻 |
| | 本特·荷姆斯壯<br>（Bengt Holmström） | 芬蘭 | 對契約理論的貢獻 |
| 2017 | 理察·塞勒<br>（Richard H. Thaler） | 美國 | 對行為經濟學的貢獻 |
| 2018 | 威廉·諾德豪斯<br>（William D. Nordhaus） | 美國 | 將氣候變化納入長期總體經濟分析 |
| | 保羅·羅莫<br>（Paul M. Romer） | 美國 | 將技術創新納入長期總體經濟分析 |
| 2019 | 阿比吉特·巴吉<br>（Abhijit Vinayak Banerjee） | 美國 | 減輕全球貧困的實驗方法 |
| | 艾絲特·杜芙若<br>（Esther Duflo） | 法國、美國 | 減輕全球貧困的實驗方法 |
| | 克雷默<br>（Michael Kremer） | 美國 | 減輕全球貧困的實驗方法 |
| 2020 | 保羅·米格羅姆<br>（Paul Milgrom） | 美國 | 拍賣理論的改進和新拍賣形式的發明 |
| | 羅伯特·威爾森<br>（Robert B. Wilson） | 美國 | 拍賣理論的改進和新拍賣形式的發明 |
| 2021 | 約書亞·安格里斯特<br>（Joshua Angrist） | 美國、<br>以色列 | 對因果關係分析的方法論貢獻 |
| | 吉多·因本斯<br>（Guido W. Imbens） | 荷蘭、美國 | 對因果關係分析的方法論貢獻 |
| | 大衛·卡德<br>（David Card） | 加拿大、<br>美國 | 對勞動經濟學的實證貢獻 |

資料來源：Britannica, https://www.britannica.com/topic/Nobel-Prize/Economics.

# 如何對抗劣幣驅逐良幣？
# 資訊不對稱底下的市場革新

文｜黃志典

「資訊不對稱」是指在交易中，一方擁有的資訊較另一方多，
幾乎所有的人際互動都有此現象存在。

2001年諾貝爾經濟學獎分別頒發給阿克洛夫（George Akerlof）、
史彭斯（Michael Spence）、史迪格里茲（Joseph Stiglitz）三位學者，
以表彰他們建構現代資訊經濟學的核心理論。

針對資訊不對稱問題，阿克洛夫提出資訊不對稱將導致逆向選擇；
史彭斯證明資訊優勢者可以使用訊號傳遞解決逆向選擇問題；
史迪格里茲則論證資訊劣勢者可以利用資訊篩選化解逆向選擇問題。
分析關鍵特性的兩個現代方法：時變波動性和非平穩性。

喬治・阿克洛夫
George Akerlof
美國
加州大學柏克萊分校
（圖／Yan Chi Vinci Chow,
CC BY-SA 3.0, Wikipedia）

麥可・史彭斯
Michael Spence
美國
史丹佛大學
（圖／Robert Scoble,
CC BY-SA 2.0, Wikipedia）

喬瑟夫・史迪格里茲
Joseph Stiglitz
美國
哥倫比亞大學
（圖／Jeremy Barande,
CC BY-SA 2.0, Wikipedia）

「資訊不對稱」（asymmetric information）是指在交易中，某一方擁有的資訊比交易對手更具優勢。資訊不對稱的現象隨處可見，例如二手車車主比買方更了解車子性能；借款人比銀行更了解自己的還款展望；求職者比雇主更了解自己的生產力；企業經理人比投資人更了解企業的營運狀況；投保人比保險公司更了解自己的風險程度（發生事故的機率）等。資訊不對稱會使交易成本增加，妨礙市場運作，甚至使市場停擺，很多制度都是為了解決資訊不對稱問題而形成的。

## ○ 資訊不對稱無所不在

在日常生活中，資訊不對稱所引發的問題屢見不鮮：為什麼民間借貸利率居高不下？為什麼二手車通常需要透過專業的中間商成交？為什麼就業市場十分重視文憑？為什麼保險公司要提供不同的保費與理賠比例的合約供客戶選擇？這些問題都是假設交易的雙方都具有充分資訊，同時也是傳統經濟學難以解釋的。

2001年，瑞典皇家科學院將諾貝爾經濟學獎頒給三位美國經濟學家，分別是阿克洛夫（George Akerlof）、史彭斯（Michael Spence）、史迪格里茲（Joseph Stiglitz），表揚他們建構現代資訊經濟學的核心理論。

阿克洛夫論證，資訊不對稱將導致逆向選擇（adverse selection），使「劣品驅逐良品」；史彭斯與史迪格里茲研究解決資訊不對稱問題的機制。史彭斯提出訊號傳遞模型（signaling model），論證擁有資訊優勢的一方（例如求職者），有動機將自己的資訊傳遞給交易對手（例如雇主），以解決資訊不對稱問題；史迪格里茲則提出資訊篩選模型（screening model），論證資訊處於劣勢的一方（例如保險公司），可以提供不同的契約，讓擁有優勢資訊的交易對手（例如投保人）選擇，篩選出高風險與低

風險的客戶,解決資訊不對稱問題。

## ◎ 阿克洛夫:逆向選擇與「檸檬市場」

阿克洛夫生於1940年,1966年獲得麻省理工學院博士學位,得獎時為加州大學柏克萊分校(University of California, Berkeley)教授。他的夫人葉倫(Janet Yellen)也是優秀的經濟學家,於2010年出任美國聯邦準備理事會主席(相當於台灣中央銀行總裁),並於去(2021)年出任美國財政部長。

阿克洛夫在1970年發表〈「檸檬」市場:品質不確定性與市場機制〉(The Market for "Lemons": Quality Uncertainty and the Market Mechanism)的一文中[1],證明了資訊不對稱如何導致逆向選擇,阻礙市場運作。諾貝爾經濟學獎委員會推崇這篇論文是資訊經濟學的開創性文獻,也是最重要的文獻。那麼這篇文獻裡頭寫了些什麼呢?阿克洛夫以二手車買賣市場為例,由於二手車買方無法分辨一部特定二手車的品質,因而只願意支付平均價格來買這部二手車,而這個價格會高於品質不好的二手車應有的價格,但低於品質好的二手車應有的價格。而車主(賣方)知道車子的品質,如果品質不好,車主會很樂意將車子賣出去(因為價格高於應有的價格);反之,如果品質好,車主則不會將車子賣出去(因為價格低於應有的價格),最後導致市場上都是品質不好的二手車。

買方希望買到品質好的二手車,偏偏求售的都是品質不好的,這無異是一種「逆向選擇」。面對這種情況,買方會將願意支付的價格壓低,這時候求售的二手車品質將更差,若依此類推,最後市場上都是品質最

---

1 「檸檬」(lemon)一詞是美國俚語,代表品質不好的二手車。

不好的二手車，買方當然不願意買這些爛車，可能導致市場完全停擺。

逆向選擇問題具有普遍性。以債券市場為例，投資人在購買特定公司發行的債券時，都會要求一個與所有公司債平均倒帳風險相對應的利率。在這種情況下，倒帳風險比較低的公司不願意發行公司債，因為要支付的利率比應該支付的利率高；而倒帳風險比較高的公司會很樂意發行，因為要支付的利率比應該支付的利率低。因此，發行公司債的都是倒帳風險高的公司，投資人自然不願意購買這些債券，最後，債券市場將會萎縮，甚至停擺。其他如股票市場、銀行借貸、保險市場、就業市場、古董市場等，也都有逆向選擇問題。

## ● 史彭斯：以訊號傳遞化解逆向選擇問題

史彭斯生於1943年，1972年獲得哈佛大學博士學位，得獎時為史丹佛大學（Stanford University）教授。史彭斯對資訊不對稱理論的最重要貢獻是建立訊號傳遞模型，證明擁有資訊優勢的一方，可以將自己的資訊傳遞給交易對手，解決逆向選擇問題。

史彭斯在1973年發表一篇名為〈就業市場的訊號傳遞〉（Job Market Signaling）的論文，論證文憑可以反映一個人的能力，求職者可以將文憑作為傳遞自己能力好壞的訊號，以解決逆向選擇問題。正如二手車市場一樣，就業市場也存在資訊不對稱的問題：求職者擁有資訊優勢，知道自己的生產力，雇主則處於資訊劣勢，不知道求職者的生產力。逆向選擇的結果，將會使就業市場成為低生產力求職者充斥的檸檬市場。

為什麼文憑可以作為準確傳遞求職者能力的訊號？史彭斯認為，能力強的人接受同樣的教育，要付出的成本比能力差的人低，所以能力強的人會選擇接受比較高的教育，而能力差的人則會選擇接受比較低的教

育。換言之，教育水準的高低便可以反映一個人的能力，因此求職者可以將文憑作為傳遞自己能力的訊號，而雇主也可以透過文憑分辨求職者的能力，給予能力高的求職者高工資、能力低的求職者低工資，從而解決了逆向選擇問題。

史彭斯的訊號傳遞理論，簡單來說就是擁有資訊優勢的一方，有誘因向處於資訊弱勢的一方傳遞有用而且可靠的資訊，使資訊不對稱的問題得到解決。

訊號傳遞理論可以解釋很多經濟現象，例如二手車的賣方透過保固傳遞車子品質良好的訊號；古董的賣方透過鑑定書傳遞古董不是假貨的訊號；健康險的投保人透過健檢報告與運動紀錄傳遞健康良好的訊號；借款人透過繳稅證明、在職證明、提供抵押品、提供擔保人等傳遞還款展望良好的訊號；企業透過股利分配傳遞獲利前景看好的訊號；廠商透過品質保證、投入龐大的廣告費傳遞產品品質優良的訊號等。

## ● 史迪格里茲：以資訊篩選化解逆向選擇問題

史迪格里茲生於1943年，1965年獲得著名的安默斯特學院（Amherst College）學士學位，1967年取得麻省理工學院博士學位，1997年擔任世界銀行副總裁兼首席經濟學家，得獎時為哥倫比亞大學（Columbia University）教授。

史迪格里茲對資訊不對稱理論的最重要貢獻是資訊篩選模型，證明資訊弱勢的一方，可以透過不同的契約讓交易對象自我選擇，篩選出不同類型的交易對象，以解決逆向選擇問題。史迪格里茲涉獵廣泛，對總體經濟理論、經濟發展理論、產業組織理論都有不凡的貢獻。

史迪格里茲在1976年與美國經濟學家羅斯柴爾德（Michael Rothschild）共同發表一篇名為〈競爭性保險市場的均衡：論不完全資訊經濟學〉（Equilibrium in Competitive Insurance Markets: An Essay on the Economics of Imperfect Information）的論文中，提出著名的資訊篩選理論。如同二手車市場，保險市場也存在資訊不對稱：投保人擁有資訊優勢，知道自己的風險程度，保險公司則處於資訊弱勢，沒有這項資訊。因此逆向選擇的結果，會使保險市場成為高風險投保人充斥的檸檬市場。

史迪格里茲與羅斯柴爾德論證，保險公司可以提供兩種不同的保單讓投保人選擇，篩選出高風險與低風險的客戶，分別為低保費與低理賠比例的保單，以及高保費與高理賠比例的保單。基於自身利益，風險低的客戶會選擇第一種保單，風險高的客戶則會選擇第二種保單。這樣，保險公司就可以篩選出高風險與低風險的客戶，解決了逆向選擇問題。

## ◉ 資訊不對稱理論開枝散葉

阿克洛夫、史彭斯、史迪格里茲對資訊不對稱理論的貢獻，發揮了典範轉移（paradigm shift）的作用，將資訊不對稱理論融入傳統經濟學並開花結果。目前，資訊不對稱理論已經廣泛應用到各個經濟領域，也應用到政府決策與公共事務的分析上。

**延伸閱讀**

1. George A. Akerlof, The Market for "Lemons": Quality Uncertainty and the Market Mechanism, *The Quarterly Journal of Economics*, Vol. 84(3): 488-500, 1970.
2. Michael Spence, Job Market Signaling, *The Quarterly Journal of Economics*, Vol. 87(3): 355-374, 1973.
3. Michael Rothschild and Joseph Stiglitz, Equilibrium in Competitive Insurance Markets: An Essay on the Economics of Imperfect Information, *The Quarterly Journal of Economics*, Vol. 90(4): 629-649, 1976.

黃志典：歷任工商時報財經記者與社論主筆，
臺大國際企業學系主任兼所長，行政院國安基金委員。

# 2002

# 以心理學與實驗經濟學突破藩籬

文｜吳惠林、謝宗林

2002年的諾貝爾經濟學獎頒給丹尼爾·康納曼（Daniel Kahneman）
和弗農·史密斯（Vernon L. Smith），根據瑞典皇家科學院發布的
獲獎理由是：兩人首先把心理學和實驗經濟學運用於決策過程的研究，
丹尼爾·康納曼的專長在認知心理學，弗農·史密斯則從事實驗經濟學。

丹尼爾·康納曼
Daniel Kahneman
以色列、美國
美國普林斯頓大學

弗農·史密斯
Vernon L. Smith
美國
美國喬治梅遜大學

2002年10月9日台北時間晚上9點多，外電傳來丹尼爾‧康納曼和弗農‧史密斯兩位學者獲得本年（2002）諾貝爾經濟學獎的消息。乍聽媒體記者告知，如墜五里雲霧中，趕緊翻閱Who's Who in Economics（經濟學名人錄），前者闕如，後者則有簡歷。根據瑞典皇家科學院發布的獲獎理由是：兩人首先把心理學和實驗經濟學運用於決策過程的研究，為該領域的先驅者。丹尼爾‧康納曼的專長在認知心理學，弗農‧史密斯則從事實驗經濟學。據知，諾貝爾獎委員會在多年前即決議，經濟學不應該侷限於狹義理論，今年終於跨出一大步，將頒獎範圍擴大到心理學部門。

談到經濟學普遍被視為「非實驗性科學」一事，我們就順便提一提，由於有人認為經濟學並非科學，因而對經濟學獎成為諾貝爾獎之一的爭議。話說諾貝爾獎是諾貝爾可能為贖其發明火藥，爾後被廣泛用為殺人遍野利器之原罪，而在其遺囑中交待設立的。自1901年開始頒發以來，因其金額龐大及評審過程的嚴謹，此桂冠一直是最被世人看重、也是最具崇高榮譽的獎項。

## ◎ 經濟獎的由來與爭議

依諾貝爾遺囑所設立的獎項有物理、化學、生理暨醫學、文學以及和平獎五種，諾貝爾希望獎勵的是特殊的「成就」，並非傑出的「個人」。因此，在自然科學方面，諾貝爾獎是對重大「發現」、「發明」，以及「改善」給獎，而文學與和平獎或許應另當別論。大致說來，歷年來的頒獎都頗慎重、莊嚴、順利，得獎者也都被世人極度尊崇、羨慕，其本人也都認為得獎是其一生至高無上的榮譽。不過，自1969年加入「經濟學獎」之後，幾乎年年有雜音出現，甚至還傳出「取消」該獎的主張。

如今被通稱為「諾貝爾經濟學獎」的獎項，是瑞典中央銀行為慶祝成

立三百周年，在1968年出資創設的，原名是「瑞典中央銀行紀念諾貝爾經濟學獎」，於1969年開始頒發。給獎標準基本上是比照原始的五種，依瑞典中央銀行的規定，每年頒發給一位在經濟學上有傑出貢獻，且其重要性一如諾貝爾在遺囑中所言的人士。不過，曾有不少年的得獎者都不只一位，且儘管諾貝爾原先希望獎勵的是特殊成就，而非傑出個人，但因成就是附在人身上，終於反客為主，世人反倒較在乎得獎的「人」。既然經濟學獎一切比照原先的五種，為何獨獨有異聲出現？最大的反對聲浪，係認為經濟學獎的設立並非諾貝爾本意，與其他獎項的意義不同，自然不應一起頒發。平實地說，這種反對意見只具「形式」，並無實質內涵，只要諾貝爾獎委員會不反對，是無可厚非的。

比較有力，且迄今仍然爭論不休的反對意見，是認為經濟學並非「科學」，而且連經濟學界的重量級人物對此觀點都有非常強烈的堅持。有趣的是，其中最具代表性人物卻是1974年兩位諾貝爾經濟學獎得獎者之一，他就是瑞典左派經濟學家繆爾達（Gunnar Myrdal）。繆爾達在接受了諾貝爾獎之後，愈想愈不對勁，乃撰寫一系列的文章譴責此一獎項，也對自己曾經受獎表示遺憾（只不知他是否已將高額獎金、獎項退還給主辦單位，而主辦單位又是如何處理了呢？）

根據評審委員會的頌詞，指出傳統經濟學研究奠基於「自利」動機和「理性」決策假設，因而經濟學普遍被視為非實驗性科學，其方法論重在現象的觀察，不在實驗室內經過條件控制的研究。不過，經過學界的努力，如今已有愈來愈多研究者致力於實驗測試，並修正一些基本經濟假說，且更加倚賴得自實驗的數據。這些研究乃植基於認知心理學者對人性判斷和決策的研究，以及實驗經濟學家對理論預測的實證測度。康納曼是前者的翹楚，史密斯則是後者的領銜人。看來以「經濟學非實驗性

瑞典皇家科學院外觀（科工館／授權）

科學」反對該學門列入諾貝爾獎行列者，由本年得獎者的貢獻應可平息
了吧！

## ○ 康納曼素描

　　年屆68歲的康納曼，1934年誕生於以色列的特拉維夫，擁有美國
和以色列雙重國籍，任教於美國普林斯頓大學。康納曼在1954年得到希
伯來大學的心理學和數學學士，1961年取得美國加州大學心理學博士。
1961～78年都任教於希伯來大學心理學系，從講師升到教授，期間曾短
暫赴美國密西根大學、哈佛大學以及英國劍橋訪問研究。1978年離開以

色列至加拿大英屬哥倫比亞大學擔任教授,迄1986年再轉赴美國柏克萊加州大學,擔任心理系教授,直至1994年又轉到普林斯頓大學擔任心理系尤金希金斯講座教授。

由此學經歷可明顯得知,康納曼一直堅守在心理學陣營,看不出他與經濟學的關係,無怪乎布勞格(Mark Blaug)主編的《經濟學名人錄》會漏掉他。不過,瑞典皇家科學院讚揚康納曼的傑出貢獻在「將心理研究的洞見整合入經濟科學,為新的研究奠定基礎,主要成就在於不確定情況下的決策分析,他展示出人們在此條件下,如何做出系統性背離標準經濟理論預測的結果。」可知他的研究已撼動當代經濟學。

康納曼提出展望理論(prospect theory),歸納人們的判斷如何基於經驗調適法則,導致系統性偏離基本機率理論的結果。康納曼也發現人們如何在表徵提示下進行判斷,他從認知心理學途徑探索人性內在運作機制,其成就啟發了新一代的經濟學和財政學研究。

康納曼目前擔任四個學術期刊的編輯委員,在學術期刊發表的著作一百多篇,其中與已故的柏克萊加州大學教授迪伏斯基(Amos Tversky)自1971年起即聯名發表,兩人掛名的論文至少有24篇,而兩人共同在心理實驗室合作出爐的理論也相當多,主要以「人的行為未必理性」作為基本立論,以實證建立行為特徵,證實許多經濟學假設未必符合事實。舉1981年兩人共同發表的一篇研究為例,他們對152名學生作調查,詢問面對600位疾病患者,有必要幫忙解除疾病。第一種問法是:有兩種對策,第一種可救活200名患者,第二種可救所有人,但成功機率只三分之一,全體患者都死亡的機率高達三分之二。結果有72%的學生選第一種對策。但當問法將第一種對策改成400名患者一定無救時,另外155名受調查學生只剩下22%選第一種對策。康納曼和迪伏斯基的解釋是:這種

明顯的調查結果差異，乃因問題的呈現方式不同，決策者的參考點因而移動。前者呈現的方式為正面的（可以救活多少人），因此大部分決策者選擇規避風險（和平均預期救活200人的風險展望相比，確定救活200人的展望較為誘人）；後者呈現的方式為負面的（會死掉多少人），因此大部分決策者選擇賭一賭運氣（和平均預期400人死掉的風險展望相比，400人確定死掉的展望較難接受）。康納曼和迪伏斯基以這種實驗發現，人的行為隱約透露「不理性」色彩，與「個別行為人經常根據他們的偏好與現有的資訊做成系統化決定，長期變化不大，即使在不同環境下也如此」的當代標準化經濟理論不太一樣。由於他們兩人的緊密合作關係，且是迪伏斯基開先河，無怪乎有學者指出，康納曼的學術成就實際上承繼迪伏斯基，若迪伏斯基不是早逝，也不會輪到康納曼得獎。

## ◎ 史密斯側寫

任教於喬治梅遜大學的史密斯，1927年出生於美國堪薩斯州的威其塔，2002年得獎時已屆75歲高齡。他在1949年取得加州工學院電子工程學士，1952年得到堪薩斯大學經濟學碩士，1955年獲取哈佛大學經濟學博士。之後歷經堪薩斯大學講師（1951～52）、哈佛經濟研究計畫經濟學家（1954～55）、普度大學助教授和副教授（1955～67，其間曾在1961～62年短暫赴史丹佛大學擔任訪問教授）、布朗大學教授（1967～68）、麻塞諸塞大學教授（1968～75，這段期間也曾至耶魯大學考列斯基金會、南加大以及加州大學訪問）、亞利桑那大學教授（1975～2001），2001年轉至喬治梅遜大學擔任經濟學和法律教授。

史密斯的研究領域包括一般個體經濟學、市場結構和定價，以及實驗設計。他曾得過多種榮譽，也曾擔任數個學術期刊編輯，單獨發表和

與人合作發表的論文,超過兩百篇。史密斯自己將研究貢獻分成四部分,在1955～65年,研究旨趣在結合投資、資本和生產理論,範圍擴大至考慮租稅和折舊政策之下,時間過程中,生產、投資和定價決定問題。在1966～72年間,他則對不確定性經濟學產生興趣,特別對公司融資理論著迷。而1966～77年,史密斯的研究轉向自然資源經濟學,著重在生物經濟和地理經濟的存量流量關係,以及財產權失敗等自然資源經濟特徵,對更新世晚期人類嗜好狩獵的動物滅絕,看似與農業革命同時發生,提出合理解釋。對現代人類出現而言,更新世晚期是一段關鍵性時刻。農業革命似乎促使更為複雜的產權制度與其所衍生的交易系統得到發展,而處於游牧狩獵採集階段的人類社會,則較缺乏這種發展特徵。

當然,史密斯最重要的研究還是在實驗經濟學,他的第一個實驗市場在1956年春天建立,成果展現在其1962年發表在 *Journal of Political Economy*(JPE)第70卷上。此後,在各種契約條件下的市場表現,就一直吸引他的研究興趣,至今仍數十年如一日。這項工作的重要性在於提出一種研究方法,讓經濟學家們可以實際展示他們以為自己知道的市場資源配置究竟是怎麼一回事。不幸的是,經濟學家們以為他們自己知道,而且在課堂上宣揚的真理當中,有很大一部分既不是真理,就是尚未經證實的。不過他也指出,胸懷謙卑的人應不至於對此感到困擾,畢竟人類與其他動物有顯著的區別已超過一百萬年,農業革命所促成的交易及產權制度也已有一萬到一萬五千年之久,然而經濟學開始進行嚴謹研究卻只不過兩百年而已。言下之意,實驗經濟學有著極為寬廣的發展空間。

史密斯的雙親屬於政治狂熱分子,母親是社會主義者,對史密斯影響極大,而史密斯在1956年於普度大學建立第一個經濟實驗,利用他的學生當主角所進行的實驗,本來的目的是想得到市場機能無效率的結果,

沒想到卻反而獲得市場有效率的壓倒性清楚結論。史密斯發現，即使只有非常少的資訊，在適當數量參與者實驗下，也很快地創造出一個競爭性均衡。

經由實驗發現，這個市場並不需要有很多擁有完全資訊的參與者，此與一般認為的效率市場先決條件不同。這項發現刊在1962年JPE發表的那篇文章上，當時史密斯是史丹佛大學訪問教授，而該篇文章也被認為是實驗經濟學的經典作。史密斯陸續在普度大學、布朗大學、麻州大學、南加大、加州工學院和亞利桑那大學繼續其實驗研究教學工作，並且擴展新的領域。

史密斯也將他的控制實驗用在資產拍賣上，進一步提供政府拍賣方法，可以得到資產私有化、廣播權或電話執照的最高拍賣價格。他也利用電腦輔助市場模型來評估分配機場使用時段的各種機制，也幫助過澳洲和紐西蘭建立能源市場。諾貝爾獎評審委員會對史密斯的評價如下：「他就適當的實驗程序提出一系列實際可行的建議，在實驗經濟學的範疇，他已為什麼才算是好的實驗，立下了操作標準。」為了對公共政策實驗有更大的貢獻，史密斯在2001年，率六位同仁一起離開亞利桑那大學經濟科學實驗室，到喬治梅遜大學成立實驗科學中心（ICES），因為較接近華府，且有Charles G. Koch基金的慷慨資助。

## ◉ 檢討和感想

2002年諾貝爾經濟學獎頒給康納曼和史密斯，論者謂跨出狹義經濟學範圍，並對基本經濟學的「理性」和「自利」這兩個根本假設提出挑戰。例如康納曼發現，大多數接受追蹤的觀察者寧可花20分鐘路程購買一個10美元的皮夾，而捨棄15美元的款式；可是他們又不願意花同樣時間去

買120美元的大衣,而寧願多花5美元當場選購125美元的大衣。

他們證明「人比當代經濟學家要我們相信的較愚蠢,而且並不那麼自私」。因為如果人是如此理性,為何會有上述康納曼的實驗結果?為何我們會為廉價家用設備購買昂貴保險?如果我們是如此的自私,為何我們又會給小費,或者當沒有人知道我們撿到皮包時,卻又將皮包退回?投資人為何如此愚笨地一再相信一個只有兩年操作成功經驗的基金經理人,未來也會有傑出表現?

康納曼和迪伏斯基提出的「展望理論」納入人們這種短視特性,可以用來幫助釐清各種金融市場現象。例如:原本不應大幅波動的股票市場,卻時常大震動,原因是投資人大多只想到眼前的消息,而不會考慮比較抽象的未來訊息,而且對利空訊息較利多訊息敏感,由而使市場下跌較上升快得多。

至於人不但不自私,而且往往是和善的,史密斯在一個有名的實驗裡是如此證明的:給房間裡的每一個人10元,而且告訴他們可以分享總金額,這些人不知錢從何而來,也不期待任何回報。實驗結果每人平均拿出5元來共享,這支持史密斯的「人天生是合作的」理論。

這兩位得獎者的研究,比較以往的得獎者是有趣得多,但是否如評審委員會所說的那麼地開創性,而「理性」這個人的特性是否被推翻,卻大有商榷餘地。首先,明知「不公平」、「有風險」,人卻還是「明知山有虎,偏向虎山行」的所謂不理性行為,不必經由實驗室實驗,一般人都已司空見慣,而經濟學的開山祖師亞當·斯密早在1776年出版的《原富》(*The Wealth of Nations*,或譯《國富論》)這本經典鉅著的第一卷第十章中,就以購買彩票的實例來說明人的不理性,而且也用保險業為例呢!所以,康納曼和史密斯一點都不具原創性,充其量只是將亞當·斯密的觀察,

以所謂的的現代「實證」科學方式再加以證實而已。

其次，關於理性和不理性的爭辯，主要是卡曼尼和迪伏斯基所發展的「展望理論」，對新古典經濟學假定「凡人都會盡可能追求最大效用」的所謂「預期效用理論」（expected utility theroy）之批判。這非得以相當篇幅才可以解析，我們將另文詳述之。不過，這種爭論或許只是學術論文或學術象牙塔中的重要課題，在現實人生裡，應該沒必要自尋煩惱作此區分。不過在一般的日常生活中，「不理性」或「非理性」這個名詞到處可以看到、聽到。信手拈來國人知之甚稔的實例，多年前由於當時的財政部長郭婉容突然宣布恢復證券交易所得稅的課徵，於是投資人乃從事「不理性」的抗議。當然，不理性總是與行為連在一起的；推而廣之，各種自力救濟行為，以及「非法」的行為，似乎也是屬於不理性行為。

非理性的相反詞當然就是「理性」，這個名詞大家都能琅琅上口，而且似乎都有共識。但是回過頭來想想，它的真義何在？我們是否可以作這樣的了解：社會上存在有一共同的行為準繩，合於此規範的就是理性，違反的就是非理性。如果這樣的認識可以接受的話，那麼，我們接著要問：這個準則是什麼？由誰來訂定？又，如果該準則可以明白訂定，是否永不改變，或會與時俱變？如果會隨時改變，將由誰來決定何時變及如何個變法？

在實際社會中，絕大多數的民眾都不會去想諸如此類的問題，他們也都接受現狀，認同且安於已有的社會規範。最簡單可行的社會規範當然就是「法律」了。在各式各樣的法條中，將人民必須遵循的行為規則明白的條列。制定者是所謂的社會菁英，這些人被假設明瞭人性善惡，知曉每個人應該如何做才可維持社會和諧，促進全社會的進步。也就是說，全社會的人都應該有「共同」遵行的規則，而且違反就得受罰。單由處罰

這件事來看，就知道事前就已了解有人是無法符合這些規則的，即使這些規則能夠規定得異常完美，也免不了有此情況發生，更何況往往難以訂定完美的規則，這由各種訴訟的發生，法官與律師們對於法條的解釋，以及對於當事者行為的認定有所差異等等即可得知。

那麼，為何紛爭不可免？原因當在「人」的身上，畢竟每個人多多少少都有各自的價值判斷，縱然由於後天環境的薰陶和培養，彼此之間的認同度會增加，差異會逐漸減少，但終究不可能完全消失。因此，在此種了解下，非理性行為仍不可免。畢竟，社會上所形成的行為準則是一種「眾數」的概念，對於個人，總是沒有辦法完全涵蓋的。可是這種社會上似乎「形成共識」的非理性行為，真的就是非理性了嗎？恐怕是沒完沒了的爭論呢！

至於輿論所說的，今年諾貝爾經濟學獎跨出狹義領域一事，其實早在1986年得主布坎南（J. Buchanan）鑽研政治經濟學，1991年得主寇斯（R. Coase）開創法律經濟學，以及1992年得主貝克（G. S. Becker）在社會學領域和其在理性、非理性行為研究發表成果等等，早就已經跨出狹窄的門檻了呢！

吳惠林：時任職於中華經濟研究院
謝宗林：時任職於中華經濟研究院

# 科學的實踐、台灣的啟蒙

文｜郭峰淵

　　將科學實踐到人類社會中來，我們不必求最快、最好、最完美，而是從事開放的、包容的、懷疑的觀察。台灣要發展知識社會的最重要工作，是科學的實踐，是要將科學觀察精神落實於典章制度之中，是要發展出科學觀察的文化。

　　科學一詞，在大眾的心中是神秘的、高貴的、抽象的，科學家所從事的研究，也因此常被認定為具有特殊的社會地位。很多發明，若有冠上科學一詞，好像就一定不容懷疑；而不接受這種發明，則常被認定為非理性的、落後的。諷刺的是，這種「科學至高」的情結，事實上已將科學「玄化」或「神化」，因此違反了最基本的科學懷疑精神。可惜，「玄化」的科學研究在學術圈裡卻是逐日普遍，這種現象在社會科學領域中也不能例外，令人以為社會科學家不是「與世隔絕」地提出無用的理論，就是「無病呻吟」地重覆一些已知的常識。

## ● 系統性及可預測錯誤

　　今年獲得諾貝爾經濟學獎的丹尼爾・康納曼卻是違反這個「玄化」潮流的學者。他延續1978年諾貝爾經濟學獎得主賽門（Herbert Simon）的有限理性（Bounded Rationality）主張，研究實際社會中人類決策的現

況，而非「假設」人類為完全理性、追求最大利益的自私自利者。

其實，不管是賽門或是康納曼，都可說是熱衷於「科學的實踐」。以康納曼為例，他所探索的問題是：當一個人面對不確定情況下的資訊，這個人到底觀察到了什麼（即他的判斷為何）？觀察本是科學最基本也是最重要的工作。然而每個人的觀察及判斷，卻未必遵循科學的原則（圖一）。「情人眼中出西施」是大家很熟悉的成語，數十年來認知心理學的很多研究，也證明這個人類的特性，是根據賽門「這是人類有限理性下」必然的結果。康納曼則更進一步發現，這些「非科學」的觀察及判斷，其實是有跡可循，依賴數種基本法則。然而，人類卻不自知自己會依賴這些法則，一再犯下同樣的錯誤，康納曼於是稱這種錯誤為系統性及可預測的錯誤。

這種錯誤對於企業決策，甚至是公共政策的擬定，有時會產生重大影響。例如在台灣企業家的投資模式，殊少經過西方科學的管理模式的嚴謹評估，而是因耳聞某好友的成功故事（這是康納曼所發現的「代表性」），

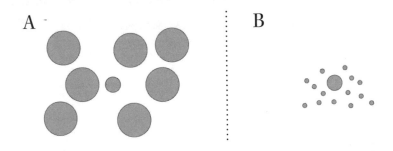

圖一　視覺上，A圖正中央的圓圈會小於B圖正中央圓圈；但若用尺量直徑，會發現他們是一樣大的圓圈；換言之，我們的觀察很容易隨情境（背景）而改變。

但是一個成功的故事怎可代表所有的樣本呢？假設這個個案成功率只有十分之一，可是企業家若盲目的追隨，他失敗的機率就非常高，投資也可能血本無歸；這種錯誤若是在公共政策上，也可能造成重大的傷害。例如在2001年5月17日的衛生署統計資料顯示：學生感染愛滋病的人數上升，而《民生報》曾刊出「衛生署擔憂，青少年網路一夜情、援助交際及藥物濫用盛行恐助長愛滋疫情蔓延」。根據筆者所知，並無任何具體的科學研究指出網路一夜情或援助交際為學生愛滋病的元凶。衛生署這種推理，可能是康納曼所發現的「存有性（availability）」，即因近年來有關網路一夜情及援交的社會新聞很多，使衛生署將網路一夜情和愛滋作一聯想。但這種缺乏科學的判斷，若導致政府投資於網路一夜情或援交的抑止上，而未對愛滋病蔓延的控制有所助益，豈不是浪費了公共投資？又如《中國時報》於2001年2月19日以「股市股市，跌也核四，漲也核四」為標題，表達贊成其停建核四的主張，時至今日（2002年11月1日），台灣股市遠低於當時。事實上，《中國時報》當時的報導，也不是根據科學研究，而是某些記者「存有性」的「神斷」，並在其文章中引述了「經濟學大師凱因斯、馬歇爾」著名人物以增其權威性。更重要的是，當時國際經濟環境正快速惡化，這種「核四唯一論」可能誤導了政府及企業的注意力，使得政策無法反應了國際經濟惡化的因素，而加深了台灣經濟惡化的程度。

## ● 刻板印象與直覺判斷

要避免降低這種「系統性及可預測」的錯誤，就需要了解康納曼的研究，並在管理制度的設計上彌補人類有限理性的不足。對台灣的「人治」文化而言，這樣的設計又特別的迫切。

根據康納曼的理論，人類直覺判斷依賴三個基本法則：代表性（representativeness)、存有性及基點性（anchoring），而這三個法則都跟刻板印象（stereotype image）有關。代表性指的是人類的判斷，經常是基於某些特徵的相似性，而忽略了重要的客觀資訊，如過去發生的概率或樣本大小等。一個典型的例子是給予受測者以下關於某個人職業的描述：「某女，31歲，單身，坦誠，非常聰明，專業哲學，在學生時代積極關心歧視問題和社會公平問題，同時參加了反核示威。」然後要求受測者對關於該人的八條表述按照準確性排序。其中兩條是：「該女是銀行出納員」和「該女是銀行出納員和女權運動者」。結果85%的受測者將後者的可能性排在前面。這個實驗說明了在人們的認知過程中，誇大了按「常識」得到的條件概率，也就是誇大了「刻板印象」的作用。此外，當我們聽到以下形容詞「某人穩重、抗壓力強、工作認真」時，會說「他」而不是「她」很敬業（即認定該人是男性），也是同樣的原理。又如在台灣，媒體在報導網路相關新聞時，會著重於某些特殊事件（如翹家、援交），明顯的忽略了特殊事件只佔全體樣本中的少數，也是受刻板印象的影響，誤導了大眾對網路的認知。

　　康納曼的第二個法則存有性，指的是人常根據最近的某個類似經驗為判斷基準，而可能產生偏見。例如「美國九一一恐怖事件」之後，風吹草動都被視為恐怖事件。又如在台灣，去年桃芝、納莉兩次水災之後，使得氣象預測專家誇大辛樂克颱風的影響。這種誇大有提高大眾警戒心的好處，但也容易產生「狼來了」的反效果，使得人不再信任這種預測。例如最近蓋達恐怖組織可能攻擊的訊息，就被忽略。有趣的是這種偏見會傳染，形成集體的偏差。二次大戰結束後數年，西雅圖居民發現他們的車子擋風玻璃有細小碎片。之後，愈來愈多的居民報告說他們發現了這些碎片。因當時蘇俄從事核子試爆，因此就有謠言說這些細小碎片是

蘇俄核爆後的殘餘物，其他謠言也開始流傳，華盛頓州長不得已請聯邦政府協助調查，聯邦政府於是派了一組科學家到西雅圖研究，結果發現這些擋風玻璃上的小碎片的數目和以前西雅圖地區並無差異。

　　康納曼的第三個法則基點性，指的是人會先入為主，以偏概全，以最初獲得的訊息作為判斷的基準，而此後即使有相關的訊息來推翻原來的判斷，該人仍會堅持原先意見，甚至「一竿子打翻一船人」。在車諾比（Chernobyl）核災中，工程師接獲報告說核子反應爐已經爆毀了，救火人員也報告說有大量的石墨在反應爐附近，更進一步顯示了反應爐已經損壞。可是車諾比核電廠的工程師卻「無視」這些資訊，堅信反應爐仍安然無事，以致造成無可挽回的大災難。在台灣，這種「無視」的現象更是層出不窮。例如在教育上，行政主管很容易「無視」第一線教師的反應，而老師也會「無視」學生的反應。一連串的「無視」，也就難怪台灣的教改有今天的大問題。

　　除了上述三原則外，康納曼還發現專家所犯的錯誤也跟常人無異，並且是一犯再犯。例如某電視台的氣象主播在辛樂克颱風的「亂報」之後，最近又「神斷」台灣將有水荒。立法委員李慶安最近也犯了同樣錯誤。在最近有關衛生署代署長的烏龍性騷擾事件中，李委員一再認定涂代署長為性騷擾的主角，所根據只是發音上的「涂桑」及涂身居衛生署代署長，而未檢驗整體樣本（即衛生署）有無其他與「涂桑」特色相吻的人。這樣的判斷，滿足了刻板印象，卻與客觀的事實不符，當然容易「指鹿為馬」。之後，李委員因國一學測數學成績差而主張廢除建構數學教學法，可是這樣的主張卻有多個盲點，如一次的學測怎可拿來衡量整體的數學教育成敗？又，某些老師的教學，是否真的是代表建構主義的實現？即使真「廢除」了建構主義在數學上的應用之後，許多教育結構性問題仍

然存在。何況建構主義（尤其是社會建構主義）是個國外已驗證的教學方法，只是在我們僵化的教育體系中被誤用。可是若因廢除建構主義教學而回歸以往死背的教學，台灣教育可能將受到更大的傷害。

某主播和李委員不是特例。前行政院長游錫堃在面對農漁會的抗爭時，指著自己的手、腳，強調自己是農村子弟。但「身為農村子弟」實在不能代表他是農漁業金融的專家。有趣的是當游院長剛就任時，因禁止政府人員開會使用鮮花花圈以及在便當加水果為附餐，而遭到果農及花農的抗議。當時游院長也聲稱自己是農民，能體會果農及花農的辛苦，但身為農民，為何游院長的決策卻一再受到農民的質疑？關鍵可能於很多相關的農業決策是千頭萬緒，不是身為農民就是代表他是該決策的專家。游院長這種思維並非特例，而是常態。

每個人都當過學生，因此每個人都自認是教育專家。每個人也都有過心理問題，所以自認為是心理專家。每個人也都經歷過青少年叛逆期，故也自認是青少年問題專家。但實際的教育、心理、青少年社會問題，卻是非常複雜。在這種情況下，每個人都堅信自己的主張是唯一正確，但這只是加深了問題的複雜度而已。而更糟糕的是，如果所謂的專家在擬定相關政策時，「無視」實務，而是作了很多「完美」但不符實際的「假設」，這種政策在碰到自我成見深厚的當事人時，幾乎是沒有成功的機會。台灣社會的很多改革，是否就是掉到了這個陷阱中，一再犯相同的錯誤，而無法進步呢？

## ◉ 人是有限理性的動物

繼康納曼之後，很多學者投入於非理性的行為研究，其中又以哈佛教授阿其利斯（Chris Argyris）的發現最為有趣。他發現，人不只會判斷

錯誤，還會同流合污來隱藏彼此的錯誤，產生集體性的知行不一的現象，而這種現象又以權位高的聰明人最為明顯。阿其利斯的研究對象包括了全美最高學府如哈佛大學的畢業生，及財星五百公司的負責人。他發現這些人在高位上，能「言其所不知」及「行其所不能言」，而產生了「有技巧性的無能（skillful incompetence）」。換言之，這些聰明人嘴巴上有偉大的一套，實際行動又是另一套，但他們並不自知本身「知行不一」的矛盾，反而非常有技巧的掩蓋事實真相，不但毫無科學的觀察，甚至造成集體的盲目。

　　所以，人是「有限理性」的動物。人類有其他動物所欠缺的能力，如溝通、邏輯推理、藝術等，但這些能力並不能保證我們的完美無缺；相反的，我們的觀察常常犯錯，並一錯再錯，更糟的是我們還會同流合污，掩藏自我的錯誤造成「有技巧的無能」。只要是人類，就有這些毛病，但西方在處理「有限理性」卻和我們極不相同。根據賽門的論述，「人類有限理性的特質」不但不是缺點，反而有助於人類社會整體的進步。例如，他認為自由市場之所以產生互助行為，是因為人類的「有限理性」導引人類去追求「滿足（satisficing）」，而非最佳（optimal）的結果。在賽門的哲學觀中，設計良好的環境制度才是提升人類社會福祉的最可靠途徑。他最出名的言論是「從行為系統的角度來看，人類行為其實非常的簡單。人類行為的複雜度其實只是表面，反應了人類所處理環境的複雜度而已。」所以制度的設計成為重點；而這個制度設計，又必須以科學精神為核心。以科學精神來設計就必須考慮「系統性及可預測」的誤差，使非科學的觀察不致於產生傷害或降低傷害的程度。

　　其實，受科學洗禮已數百年的西方，科學已成為其文化的一部分，例如西方文化實事求是，論述強調必須舉證及應用邏輯推理。又因人類是有

限理性，制度就必須開放及包容。孔恩（Thomas Kuhn）科學史的研究指出，科學追求漸進式的革命，換言之，一個自然的現象，若有更好的理論，則該理論可推翻原有的理論，造成典範的革命。同樣的，西方人在社會改革時，喜歡追求的不是遙不可及的夢想，而是將此夢想當成堅強的信念，並追求一步步的改進。這些都是可在西方文化找到的科學痕跡。

## ● 不務實務的中國文化

　　將科學精神融入於台灣文化中，也正是台灣目前最需要的工作。科學的基本精神是開放、包容及懷疑，科學的方法則是精密的觀察、邏輯推理及驗證。這樣簡單的道理幾乎每人都懂，但是在台灣，卻仍未能落實到日常生活中。也因此，具有各式各樣現代化科技的台灣，其文化仍停留在黑暗時期，充滿各式各樣的偏見、迷信與邪說，科技經常被利用來傳播這些偏見、迷信與邪說，而非科學的實踐。又如在筆者所處的管理領域上，每年有數千篇碩博士論文，二十年來也有數萬篇之多。但台灣的經濟轉型轉了二十年還在原地打轉，令人質疑管理學門的研究，是否真是不食人間煙火。而引起重大爭議的九年一貫教改，也令人懷疑政策背後的學者，在研究「什麼是最理想的教學」之餘，有否探討過台灣教學的實務。上述的研究，皆有科學之名，但因脫離現實，閉門造車，也就無法落實。也因此，今天的台灣急需有科學的實踐，來啟蒙台灣。

　　所以我們必須回歸到六十多年前，英國皇家科學院院士李約瑟（Joseph Needham）所提出一個疑問：「一個現代的整體科學，為何沒有發生在中國？」根據李約瑟的研究，中國在二千多年前已有很偉大的科技發明，例如鑄鋼的技術（西元前200年），深井取鹽、取瓦斯的技術（西元前100年），利用石油及瓦斯天能源的技術（西元前400年）和三度空

間地形圖的技術（西元前300年）。有這些偉大的發明，又為何不能產生整體性的科學呢？

筆者以為，最重要的關鍵在於中國文化逐漸背離了科學精神。根據胡適的觀察，二千多年前的中國雖無「科學」一詞，但卻已有相當於科學精神的「格物致知」方法。「格」就是「到」，格物就是到物上去研究物的道理，但是中國卻未能將格物致知發展成為其文化的主體，典章制度中也就缺乏科學觀察的精神。到宋明之際，士大夫已沒有「動手動腳去玩弄自然界實物的遺風」。甚至背棄了實務，只重視「讀書窮理」、「尚論古人」，後來離譜的變成「居敬窮理」及「靜坐窮理」。換言之，中國歷來學者的治學之道不但缺了「格物致知」，更畸形的變成「革物致知」，即革除了對物的觀察與分析，與實務完全脫節。而「革物致知」最後也成為宋明科舉制度的典範。反正，讀書的目的是為了考試，而考試要考好，必須要「革物」—去除物慾，否則將「玩物喪志」。更糟糕的是，這種「革物致知」延伸出一種追求「虛幻的完美」的情節，例如在國畫的意境中，自然景像如山、樹總是遠遠的、矇矓的，且多的是不知名的花、不知名的草。意境雖高，但無一是現實社會中的物體。中國文化中所追求的完美也因此非常不具體，不實事求是，當然也「不科學」。

這個「革物」文化，可能就是科學實踐於受中國文化影響深遠的台灣的最大障礙。鉅細靡遺的實物觀察，是科學最重要的基礎工作，所以康納曼才會因研究「不確定情況下」人類的觀察及判斷而獲得諾貝爾獎。但是在「革物」文化下，人不必觀察就可以產生判斷。再回到筆者所處的管理學門，很多研究是在研究者「引經據典」，並以問卷收集資料下完成。他們足不出戶，模仿他國（尤其是美國）的期刊論文，在表面上他們遵循科學研究的方法，實際上卻「無視」實務，無異於「靜坐窮理」或隔空抓

藥。管理學門應是重視實務的,但是其研究卻是閉門造車,這種情況下,台灣的管理學界對台灣經濟轉型又能有何具體貢獻呢?當然,在「科學的實踐」上,我們所遭遇的問題不只是「無視」而已。賽門指出,「追求滿足」是使得「有限理性」的人類社會可以持續進步的主因。但在一個追求「虛幻完美」的文化裡,人們可能永遠不能滿足,因此產生一個「減性觀察」的現象。例如一杯水中裝著一半的水時,人們會看到的是「少了」一半,而非「已有一半」。或當一個學生得了90分,師長會看到「少了10分」,而非高興學生「已經得了90分」。

在科學領域裡,0與1之中有無限的可能性,我們文化卻是非0即1,所以中研院院士林毓生說我們是「非黑即白」的文化,使得現實非常僵硬。即使我們有看,也是「非黑即白」的二分法去判斷事情。例如建構式數學的「不成即敗」或是網路色情的「非善即惡」。我們也是功利文化,只會看到「對我立即有利或有害」的訊息。我們的權力、階級分明,所以也特別容易去看到「上級關懷的眼神」而忽略下層傳來的聲音。我們更愛面子,故要看面子而非看事實的本質。階級愈高者,面子也愈大,也因此有愈多的人替他們看事情。而當事情不如意時,也就愈需要同流合污來保存面子,驗證了阿其利斯「聰明人易犯有技巧性的無能」的預言。這些文化特性使得我們的觀察充滿錯誤,也因此使得我們無法實踐科學的精神。

## ● 以開放制度補人性不足

筆者原本從事認知心理學應用於電腦人機介面的研究,因此熟知賽門及康納曼的理論。但五年多前返國之後,已從認知心理學領域轉換成認知人類學,著重於文化與認知的相關議題。這個轉變背後的最主要原

因，是筆者親身感受到台灣社會中，每個人都很聰明，但個人的聰明才智在這個文化下卻有「正正得負」的非自然現象。筆者以為西方現代社會的進步，必須要歸功於西方能巧妙地整合基督教的人文觀念及啟蒙之後的科學信念於其文化之中。有這種文化，西方社會就能將人權的觀念及科學的觀念融入於其典章制度的設計中。所以個人不必太聰明，但整個社會卻可一步一步地改進。今天的台灣也需要去尋找這一條道路，將科學融入文化之中。賽門及康納曼的研究告訴我們，人類是有限理性，因此要將科學實踐到人類社會中來，我們不必求最快、最好、最完美，而是從事開放的、包容的、懷疑的觀察。對台灣而言，尤其重要的是要懷疑自己的觀察是否過於主觀，要包容和自己判斷不同的觀察，更要建立開放的制度來彌補人性之不足。

今日，整體性科學仍未在我們社會裡生根，然而「知識社會」卻已變成了流行的口號，這是現在台灣社會的一個矛盾。在此時的「知識社會」浪潮中，政治人物、企業家及學者皆指出知識對經濟發展的重要性。諷刺的是以知識來謀財一直是我們傳統文化的一部分。「書中自有黃金屋，書中自有顏如玉」是每人可朗朗上口的成語。但是這種文化並未使整體性科學生根於中國，難道它就能在資訊化的現代提升我們成知識社會？所以台灣要發展知識社會的最重要工作，是科學的實踐，是要將最基本的科學觀察精神落實於我們的典章制度之中，是要發展出科學觀察的文化。若能如此，科學觀察不再是實驗室中的活動而已，而是實踐於日常生活之中。台灣也終將啟蒙，將來成為科學的大國。

郭峰淵：時任教於中山大學資管系

# 共整合與拱論預測總體經濟

文｜林建甫

2003年諾貝爾經濟學獎，
由紐約大學的羅伯特・恩格爾教授（Robert F. Engle）與
加州大學聖地牙哥分校的克萊夫・葛蘭傑教授（Clive W. J. Granger）
共同獲得。得獎的理由是他們發明了處理經濟時間序列統計
分析關鍵特性的兩個現代方法：時變波動性和非平穩性。

羅伯特・恩格爾
Robert F. Engle
美國
美國紐約大學

克萊夫・葛蘭傑
Clive W. J. Granger
美國
美國加州大學聖地牙哥分校

瑞典皇家科學院於10月8日宣布，2003年諾貝爾經濟學獎由紐約大學
（NYU）的羅伯特‧恩格爾教授與加州大學聖地牙哥分校（UCSD）的克
萊夫‧葛蘭傑教授共同獲得。得獎的理由是他們發明了處理經濟時間序
列統計分析關鍵特性的兩個現代方法：時變波動性和非平穩性。這兩種
方法已廣泛應用於金融市場分析和總體經濟預測的尖端研究，產生重大
的影響及實用價值。

　　其實兩位都可歸類為經濟計量學家，他們倆大部分的研究生涯都在
加州大學聖地牙哥分校度過，並且都在今年夏天退休。只是恩格爾退休
後另找第二春，現今在紐約大學服務。兩人是筆者在加州大學聖地牙哥
分校就讀時的老師，都曾修過他們的課，葛蘭傑並且是筆者的指導教授。
自忖有第一手的接觸與資料，因此可以為文介紹他們兩人的貢獻與對學
界的影響。

## ○ 統計與經濟計量

　　這是一個充滿驚喜的世界。驚喜的理由，就是萬事萬物不是依照固
定的軌跡在走，而是隨時都可能有新鮮事。雖然太陽每天從東方升起，
西方落下，但其他的事物要預測就可能沒有那麼簡單。颱風、地震、每
天溫度、農作產量、股票指數、你的心情等等，有數不完的例子。而科
學的本質就在不確定中尋求規律。

　　前述事件的本身就是廣受到一些「隨機」的干擾，因此科學的精神要
盡力抓不變的部分，希望能八九不離十。但是從樣本資料要窺母體，就
更難了一層。因為有的可能是我們的知識不夠，有的是縱然背後複雜的
知識可以完全的了解，但在有限的資源、有限的變數中，還是只能抓個
大概，其他不能解釋的部分就得歸因給「隨機」。這些「隨機」的探討，

需要機率的知識，但整個資料分析的科學，由樣本推測母體就是「統計學」。把統計學的知識應用在經濟學的資料中，就是「經濟計量學」。但因為經濟資料的特殊性，又回過頭來創造了統計的理論。今年的諾貝爾經濟學獎就是最好的例子。

## ○ 何謂動差

由樣本要推測母體，是以小窺大，以蠡測海，當然就得忍受一些不確定性。通常，變數本身就含有隨機性，我們也往往叫它隨機變數。我們把變數的實際資料蒐集在一起，就可以形成一個「分配」，可以用來描述這個變數。但要把一個分配描繪得維妙維肖，可能要很多的點聚集成線。要偷工減料而又具體而微的描述分配，可以用它的一些特徵值來代表。這些特徵值的取得，直接以水準值來看，叫做一階動差。而把水準值加工，二次方的呈現就是二階動差。當然還可以有更高階的動差。

一階動差因為直接與水準值相關，常常使用的代表指標就有均數、中位數、眾數等等。二階動差，含平方項的內容，就可得到變異數，依此可以看出變數的變異程度、離散情形。而高階的動差，例如三階動差可以判斷偏態，四階動差則可以幫助我們了解峰度等等。

## ○ 迴歸解釋

多個變數，彼此之間可能有一定的關係。像消費會受所得、銀行利率等變數影響。所得高、儲蓄利率低、沒有誘因儲蓄，消費也就多。但消費還可能會受股票指數、匯率、朋友是否拜訪等影響。把消費看成因變數，所得與利率看成自變數，因變數被自變數來解釋，剩下來沒有辦法解釋的部分，我們就歸因於誤差項的隨機干擾。

　　而因變數被自變數解釋的方法，一般統計上使用迴歸解釋，也就是尋求線性關係中最大的解釋可能性。線性迴歸的計算就是找讓因變數被自變數解釋後剩下的殘差平方和愈小愈好（最小平方法）。也就是參數估計值的獲得要讓估計量得到最大的解釋。

## ◎ 時間序列

　　經濟的資料，沒辦法做實驗，只能由歷史資料中取得。變數資料依發生時間先後次序排列在一起就稱為「時間序列」，例如台股每5分鐘的加權指數、台灣每月的失業人數、台灣歷年或每季的國內生產毛額、每年來台觀光的人數、石門水庫每天的水庫水位、歷年飛經台灣的黑面琵鷺的數目等，皆為時間序列。

　　時間序列的研究，通常不假外求其他的解釋變數。使用自己的過去項及誤差的過去項來解釋因變數。只有自己的過去項就叫做自我迴歸，只有誤差的過去項合在一起，視為移動平均。合起來，也就是最常用的自我迴歸移動平均模型（autoregressive moving average model, 簡稱ARMA模型）。

　　若一變數的平均數與變異數皆相等，而且兩變數相關性只受相隔時間長短影響，不受該變數絕對位置的影響，則稱此數列為平穩（stationary）時間序列；若上述任一條件不符合，則稱為不平穩（non-stationary）時間序列。平穩時間序列因為平均數、變異數、相關性都不變，將數列由左向右看（按順序看），或是投影片拿反了，變成由後向前看，圖形都長得差不多，因此很好辨認。平穩時間序列已經是很大的集合，因為一般而言，一個ARMA模型利用不同個數的自身落後項、誤差落後項，配上不同的參數形成的軌跡就有成千上萬的可能穩定序列。

## ● 單根與自積

不平穩時間序列，其實以經濟資料而言，並沒有太大的可能性。例如一個隨時間增大的數列，它的各時點均數一直增加，它愈來愈大，可能會大到無窮大，這與大部分經濟資料並不符合。大部分的經濟資料都是局限在某一可能大小，因此研究經濟資料就得排除爆炸般的不平穩現象。但是有一種不穩定的情形，也就是「隨機漫步（random walk）」卻是非常的重要。

長久以來，統計學家經常以一醉漢向前走路，忽東忽西，完全毫無規則來比喻隨機漫步。由於醉漢完全沒有方向感，向左或向右走一步的機率都相同，故目前的位置為對於下一時間點位置的最佳預測。隨機漫步為非平穩數列的特例，若再加上一個平穩的變數，其變異數依時增大的特性不變，與原隨機漫步並沒有根本上的差異。求算其特徵方程式的特性根，發現它一定有個根為1，故又叫做單根。

另外，醉漢漫步的時間愈長，他愈可能走遍所有的角落，而且離起始點愈遠。隨機漫步要走下一步時，是由原先停頓的地方再往前走，因此每一個後來的位置都是受先前位置的完全影響，也就是現在為過去所有步伐的累積和，或者叫做自積一次（integrated once）。將間斷持續觀察得到的隨機漫步，時間距離壓縮到無窮小，就成了連續的路徑，也就是布朗運動（Brownian motion）。這為近代財務經濟的基石。而將穩定的 ARMA 模型自積一次，就得到 ARIMA 模型，也就可以描繪一般不穩定的經濟變數。相反的，將不穩定的經濟變數，前後相減，也就是差分，可以得到穩定的數列。

筆者與葛蘭傑教授在UCSD經濟系館合影。

## ○ 單根的經濟涵意

早期研究股票價格走勢的學者很困惑，因為發現股票價格拿任何變數來迴歸都沒什麼解釋能力。唯一具有大量解釋能力的是自己的落後項，而且其單根的現象很明顯。也就是當時對股票價格是隨機漫步感到大惑不解。因此紛紛就用不理性、動物本能來解釋股票市場。後來逐漸的，大家領悟出，如果市場是有效率的，那麼所有的訊息立即反應，股票價格應該是沒有套利空間，或是不能被其他變數解釋或預測的。因此股票價格是隨機漫步反而是對的。

其實不只是股票價格，任何價格資料，如利率、匯率也幾乎都是具有不可套利的特性。經濟的生產值、國民所得資料等等，也都具有單根的現象。因為人類的經濟是一步一腳印的發展，這個月都承襲上個月，

恩格爾教授於台大經濟系大講堂上侃侃而談。

今年都是以去年的基礎往前走。這種經濟發展的看法，強調實質面的重要性，現在受過去實質干擾項的影響，而且日漸累積在我們的文明中，就是「實質景氣循環」的論點。我們想想看，從發明了火、火車、電燈、電話、網際網路……這些實質干擾項，也都的確影響了我們今天的生活。

## ● 單根的統計影響

在檢定隨機漫步、效率市場、實質景氣循環時，單根的判斷就相當重要。而傳統的迴歸檢定，t分配或極限理論並不適用做臨界值的取捨。1979年迪基（David Dicky）及福勒（Wayne Fuller）檢定引用過去對布朗運動的研究，得到檢定左尾臨界值應遠小於t分配的結果，因此也推翻了傳統討論經濟變數拒絕單根的結論，取而代之的是經濟變數不能拒絕單根。這為後續葛蘭傑的共整合研究奠下基礎。葛蘭傑自己也與紐博爾

德（P. Newbold）發現，隨機漫步因為具有累積和的特性，也就容易形成趨勢，或謂隨機趨勢。但隨便不相干的兩個隨機漫步，跑迴歸，使用傳統的檢定，卻容易得到顯著的結果。這顯然某個地方出錯。葛蘭傑與紐博爾德將這種現象叫做疑迴歸（spurious regression）。疑迴歸的結果，不穩定的經濟變數間的統計顯著現象，可能都是虛假的。但是如何判定是否真正有關係呢？這就是將要介紹的共整合。

## ○ 共整合理論

葛蘭傑早期其實不管單根檢定，他喜歡由圖形著手，判斷關係。他發現大部分的總體經濟變數都具有隨機趨勢。尤有進者，他更發現一些總體經濟變數經過倍數漲縮、加加減減的線性處理，不穩定的性質就消失，可以回歸到穩定的數列。他把這種現象叫做「共整合（共積）」。葛蘭傑證明了如果兩個或多個變數間存在共整合，則這些變數還可以表成誤差修正模型（error correction model），誤差修正項來自於前期的「失衡」，後者則會促使這些變數移向長期均衡。學界將這個理論尊稱為「葛蘭傑表現理論（Granger representation theorem）」。

共整合技術性的定義為：若兩個或多個非平穩時間序列的線性組合變成平穩時間序列，則稱這些變數具有共整合。莫瑞（M.P. Murray）教授更進一步以醉漢與一隻未上鏈的狗來比喻共整合。狗藉著靈敏的鼻子追蹤主人的氣味，圍繞在其四周。醉漢毫無目的隨機漫走，狗則忽左忽右地跟隨著主人，亦為另一隨機漫步。從個別的步伐看來，人與狗皆毫無章法，可能走到任何角落，但兩者卻亦步亦趨，不會相距太遠。找到醉漢，狗大概就在附近；找到狗，醉漢也不遠了，這就是共整合。這個例子生動地描述共整合的涵義。

## ● 共整合與經濟理論

醉漢與狗到底與經濟學有何關聯？為何葛蘭傑可以因此而榮獲至高榮譽的諾貝爾獎呢？原因是葛蘭傑把共整合與經濟學中最重要的概念「長期均衡」連接在一起。因為經濟變數是經濟行為的結果、人類文明的表徵。前述的消費受所得、利率的影響為例。賺錢是要消費，利率也會影響人們的儲蓄，這些都是選擇的結果。選擇是有意識篩選的過程。文明就是選擇後，均衡的產物。換言之，共整合與長期均衡為一體的兩面，若變數間存在共整合，則這些變數存在長期均衡，檢定是否存在共整合等於檢定是否有長期均衡。

例如購買力平價說（PPP）為國際經濟學中最重要的理論之一。該理論預期相同的物品在兩國的價格經過匯率調整後應相等。例如各國的麥當勞麥香堡價格應類似。然而，影響物價的因數太複雜，兩國物價不可能完全相等。問題是：到底差多少叫類似呢？若換算後價差為平穩的時間序列且其均數為零，變異數為有限，彼此可以接受「類似」的情況。那麼檢定PPP是否成立就相當於檢定兩國物價間是否存在共整合。而總體經濟學中景氣循環的研究也是重要課題。在景氣循環的各個階段中許多變數如就業、國內生產毛額、消費、投資等變數，雖有先後但大致作同向的變動，最適合以共整合理論來分析。總結之，共整合理論提供經濟學家一個分析長期共同趨勢與檢定長期均衡的有力工具。

## ● 因果關係

然而醉漢與狗的比喻往往以醉漢為主，狗為輔。這是一個缺點。在共整合理論中，變數們是對等的，而非此例中的人與狗有主從關係。主

從關係也可看成先後的關係，先看到的為因，後看到的為果。因此應順便提一下因果關係的檢定，是葛蘭傑更早的重要學術研究成果。

葛蘭傑以時間序列重點在預測，因此判斷甲乙因果關係的存在與否，就是拿甲序列對乙序列的過去，落後項來迴歸。若具有解釋能力，就表示乙對甲有因果作用。乙先發生叫做因，甲是可以被預測叫做果。當然兩序列，也可反過來做。如果單個方向成立，因果關係就不言而喻。如果兩個方向都成立，就叫互為因果。因此到底是雞生蛋還是蛋生雞？就是一個可以實證的問題。美國某農經雜誌就有檢定告訴我們雞與蛋互為因果。這是茶餘飯後的好話題。然而不穩定的序列因果關係的求算，也必須加上誤差修正項才不會失真。

## ◎ 實證研究的革命

在共整合理論發明之前，經濟學家在作計量分析時，通常先將非平穩的時間序列差分變成平穩的數列後，再應用傳統的大樣本極限理論進行估計與檢定。如此一來則將喪失長期均衡隱含的訊息。但若不先作差分，則前述傳統的疑迴歸導致的極限分配不適用，亦即先前文獻所作的檢定皆不正確，因而有必要發展新的大樣本理論。非常多的計量經濟與統計學家投入相關的理論研究，耶魯大學的菲力浦（P.C.B Phillips）教授與丹麥統計學家喬韓森（S. Johansen）迄今基本上已經解決相關的統計理論問題。但從葛蘭傑的疑迴歸研究開始，到它被證明，也花了十餘年的光陰。

新的共整合計量理論的出現刺激新的實證研究。從1980年代中期起一直到1990後期，相關的研究、學術會議、期刊文章、專輯與專書如雨後春筍不斷出現。共整合理論變成經濟系學生必學的課題，研究總體時

間序列而不涉及共整合的文章幾乎很難在一流的期刊中登出。自葛蘭傑教授於1981年正式提出共整合理論以降，至今已有二十餘年。該理論已由初生期發展至成熟期，相關的統計理論已趨完備，並被廣泛的應用於經濟、財務及相關領域。只要在任何社會學科搜尋引擎中輸入co-integration字串或者cointegration，即可找到數百甚至數千篇相關文章，由此不難看出葛蘭傑教授的共整合理論對經濟學界的影響，稱為共整合革命亦不為過。

## ◎ 葛蘭傑與恩格爾

另外值得一提的是，共整合是葛蘭傑教授的研究產物。1981年文章發表後，他再接再厲，將共整合理論延伸又寫成一篇文章投稿 *Econometrica*（經濟學中最重要的期刊），結果卻被退稿。他體認到這篇文章的重要性，因而邀請同事恩格爾加入，重新改寫並再投稿該期刊，結果還是被退稿。他相當失望，本擬改投稿其他期刊，但恩格爾不死心，堅持向該期刊主編申訴並要求重新審查。果然，新的評審體認到本文的重要性，建議再小幅度修改後刊登。在收到審查報告後不久，主編卻來信要求儘快完成修稿，因為他們已收到數十篇相關的投稿，在沒有刊登該文之前，該期刊無法接受其他文章。結果這篇文章於1987年刊登，奠定了共整合理論的基石，成為後續研究必須引用的文章。也因此在諾貝爾獎的得獎理由上，兩人是被視為一體的。

不過對於葛蘭傑與恩格爾，儘管兩人同時獲得諾貝爾經濟學獎，而且此獎公布名單時，恩格爾的名字寫在葛蘭傑之前（這是因為從1990年以來諾貝爾獲獎名單都按名字的字母順序排列，1990年以前是按貢獻大小和年齡長幼來排列），但就對計量領域的貢獻及資歷來說，葛蘭傑的影

響與貢獻要大。底下我特別再介紹恩格爾得獎的另外一個理由：Autore-
gressive conditional heteroscedasticity（縮寫ARCH，由於目前國內尚
無通用的譯名，因此筆者以其縮寫提出「拱論」一詞為其中譯）開啟財務
經濟學實證研究的大門。

## ◎ 財務經濟學

　　財務經濟學因其方法論及著眼點的特殊性，早已成為經濟學的一個
重要分支。例如價格反應迅速，因此不可套利成了財務理論的中心思想。
而資本市場的供需均衡及資產定價的問題，更成了研究的焦點。前述價
格隨機游走及效率市場的現象也就非常普遍；將此延伸的資產定價模型
（CAPM），套利定價法則（APT）皆成了財務經濟學膾炎人口的理論。但
這些理論的背後可以說都是哈里·馬科維茨（Harry Markowitz）均數－

恩格爾教授2000年7月來台大經濟系演講攝於教員休息室。左起銘傳大學涂登才、暨南
大學高櫻芬、恩格爾、筆者、中研院經濟所周雨田。

葛蘭傑教授的另類風采。

變異數分析的延伸，這還是脫離不了我們前面所述的一階及二階動差的計算。

## ⊙ 波動性

　　變異數或是二階動差，它描述了隨機變數的離散程度，也就是可能的波動性。由於傳統的均數－變異數分析是假定變異數是不隨時間變化的一種單期靜態分析。因此過去傳統的研究，有很多缺陷。歷史資料呈現的波動性，是有目共睹的。另外觀察股票市場加權指數或是單股走勢，資料總是在某個階段發生劇烈波動，表現出比較大的波動程度，而在另一些階段就比較平穩，表現出比較小的波動程度。經典統計模型通常假定的變異數是不隨時間變化就不是個好模型，時變波動性則是一個思考的方向。

　　其實波動也表示了反應。人們的行為會被訊息影響，因為訊息提供

變化，變化後情況改變，提供了人們誘因去做反應。問題是，對訊息的判斷不見得正確，而人們又常常有過度反應的情形。例如股價漲跌時，就常常發現「紅則長紅、黑則長黑」的現象，接踵而來的修正過程，常常都是迂迴前進，而不是線性到達。因此，利多的消息進來，股票上漲，往往漲太多；利空的情況產生，股價下跌，往往跌太多。漲太多會拉回修正，往往又拉回太多，跌太多的修正也有類似情形。這些原因導致了波動的聚集性（volatility clustering）。也就是由資料來看，大波動伴隨大波動，小波動伴隨小波動的有趣現象。但這種現象是綜合來看普遍的規律，也就是發生是有蠻大的機率，但不是百分百。

## ● 拱論與二階動差

問題是如何做模型，如何用方程式來表達，用資料來做估計、驗證。前述的不是百分百，統計的隨機性也就必須扮演重要的角色。恩格爾思考傳統二階動差求算的是固定變異數。要探討金融資產價格波動的聚集性應是不同時間的結果。也就是整體可以有固定變異數，但不同時段的訊息集合下，條件變異數就應不同。時變波動性的觀念就孕育而生。恩格爾並思考要掌握聚集性、伴隨的現象，前後的條件變異數應有一定的關係，這關係就像時間序列自我迴歸的現象。因此他就提出自我迴歸條件變異數不齊一（拱論）的模型。

雖然是自我迴歸條件變異數的不齊一，但因為模型的複雜度，當時他只能將條件變異數模型設計成移動平均的型式。後來他的指導學生波勒斯勒夫（T. Bollerslev）的研究，才加上真正自我迴歸的部分，也就是後來的GARCH模型。這些時變波動性模型的過去條件變異數不但是可以變動的，而且未來的變異數也可以做預測的。尤有進者，它是一個具有參數化

隨機過程的模型。所以拱論模型的各種擴充、修改，便相對的容易。後續有非線性的N-GARCH、門檻的T-GARCH、指數不對稱的E-GARCH等等。因此自從恩格爾提出拱論模型之後，開創了財務經濟學更廣的實證研究大門。

## ○ 拱論與財務金融

在恩格爾1982年拱論的第一篇論文中，將時變波動性模型及其估計預測方法用於通貨膨脹研究。但該模型更重要的應用在於金融部門。金融活動經常要處理風險問題，並對風險進行定價。如在金融市場上常用的資產定價模型（CAPM）中，單個證券或組合的收益依賴於它與市場收益的變異數及共變異數。而均數、變異數的討論其實也就可以計算報償與風險的替代。高風險是否就表示有高報償？風險溢酬（risk premium）的大小其實都可加以計算與驗證。

一個更為現實的例子是，證券投資基金在進行資產配置時，要確定主要資產類別（如股票、債券和現金）在整個投資組合中的權重。借助於均數－變易數分析，要確定這些資產類別之間的變異數及共變異數才能計算。引入時變波動性，將單期靜態分析擴展為多期動態分析，即可實現資產配置的動態調整。投資組合管理才更能適應市場波動不斷變化的現實。

近年衍生性金融商品蓬勃發展，例如選擇權它本身對波動性的變化就具有高度的敏感性，定價頗為不易。理論上選擇權的定價公式，常用的有二項分配選擇權定價公式及布雷克－休斯（Black-Scholes）定價公式。但此兩個公式，在給定了變異數後才能估計選擇權的價格。可是在異質的條件變異數下，不同的時間應有不同的變異數而可能導致不同的

選擇權價格，這也使得變異數預測及選擇權的定價有密切的動態關係。

最後，風險控管要計算涉險值（VaR），條件變異數的計算，也更是不可或缺的角色。風險評估是現代金融市場的核心活動，例如投資者需要評估資產收益及其風險，銀行和其他金融機構在實施風險控制時也要確保資產價值不低於某個最小值，以防止破產。涉險值是在給定的信賴水準下，能容忍最大可能損失的值。其計算過程中，涉及投資組合報酬率之變異數與共變異數矩陣的估計，因此，精確的變異數與共變異數矩陣之預測可以提高涉險值的精確性。時變波動性模型就是波動性、變異數矩陣測量方法的一種重要改進。這對未來財務金融界，還有持續性的影響。

## ◉ 後記

這次恩格爾與葛蘭傑的獲獎，多少有點出乎學界的意料之外。因為這是四年內諾貝爾經濟學獎第二次授予經濟計量學門。上一次是海克曼（J. Heckman）和麥克法登（D. McFadden）才因對經濟計量橫斷面資料的傑出研究在2000年度獲獎。經濟學的學門很多，一般來說，諾貝爾經濟學獎會平衡照顧到各個學門。但筆者知道葛蘭傑已經好幾年在入圍名單中。他的學術作品可讀性都很高。早年的因果關係研究、雙線性時間數列模型、長記憶時間序列、組合預測和本文的共整合研究等，都影響深遠。1990年後，他還有很多方法論的作品，更深刻影響經濟計量學門的發展，刺激學術思想要與實際問題密切結合。兩位大師都曾來台多次，對學術的傳播與我國學子的觀念啟發，有很大幫助。老師得獎，學生與有榮焉，故特別為文以記之。

林建甫：時任教於台灣大學經濟系

# 2004 | 諾貝爾經濟學獎
## NOBEL PRIZE in ECONOMIC SCIENCES

# 政策時效不一致性的影響

文｜艾德榮（Ronald A. Edwards）

基德蘭
Finn E. Kydland
挪威
美國賓州卡內基美隆大學
匹茲堡分校、
美國加州大學
聖塔芭芭拉分校
（圖／歐新社提供）

普列斯卡
Edward C. Prescott
美國
美國亞利桑那州立大學、
美國明尼亞波利聯邦準備銀行
（圖／歐新社提供）

今年10月11日，瑞典皇家科學院將瑞典銀行為紀念諾貝爾而設立的經濟獎，頒贈給基德蘭（Finn E. Kydland）和普列斯卡（Edward C. Prescott），表彰他們「對動態總體經濟學的貢獻：經濟政策的時效不一致性，和景氣循環背後驅力的探討」。個人身為普列斯卡的學生和朋友，很高興受邀在此介紹他對經濟科學的貢獻。我將不只討論他和基德蘭共同被引用的文章，也將談及他的整體研究以及一些軼事。

總體經濟學的變動時期普列斯卡於1967年自美國卡內基美隆大學獲得經濟學博士，這正是總體經濟學吹著變動風潮的時期。在1960年代，凱因斯學派（Keynesian School）是總體經濟學的主流典範，當時的總體經濟學家極端自信地認為，藉由應用各種特定的凱因斯理論，他們已經解決了所有重要的總體經濟政策問題。不過，凱因斯學派認為失業與通貨膨脹之間呈現消長的關係，此看法在1970年代卻受到質疑。當時美國一直受困於停滯性通貨膨脹問題（同時存在高失業率和高通貨膨脹率），這一個證據減弱了人們對凱因斯理論的支持，而開啟了新理論之門。

此時，一群包括卡內基美隆大學學者在內的經濟學家，開始使用不同方法論的新理論，其隨後在明尼蘇達大學和明尼亞波利聯邦準備銀行大為發展，成為「理性預期學派」（rational expectations school）。理性預期運動的領袖們包括巴羅（Robert Barro）、魯卡斯（Robert E. Lucas，1995年諾貝爾經濟學獎得主）、普列斯卡、薩金特（Tom Sargent）以及瓦萊斯（Neil Wallace）。普列斯卡一些最具影響力的研究，就是完成於變動風潮時機成熟的1970年代末期左右。

## ● 放棄經濟計量方法

普列斯卡從事研究之初，曾應用經濟計量方法研究總體經濟問題，

但在1970年代,他的思維經歷大轉變,不僅改變了他的研究方向,隨後也影響了總體經濟學的研究走向。

當時的經濟計量學強調變數之間的關係,但對於變數如何決定,卻少有、甚至沒有理論描述。事實上,政策(諸如稅賦政策)的改變,可能導致變數的變動,因為這些變數是由經濟行為人所選擇,而經濟行為人下決定時卻是以未來的稅賦政策為考量。這個批評,後來被稱為「魯卡斯批評」(Lucas Critique),進一步減弱了根據凱因斯理論的計量實證,而支持新興的理性預期理論(此理論沒有魯卡斯批評的問題)。就在此時,普列斯卡放棄傳統的經濟計量方法,開始學習動態規劃方法,並將之應用於理性預期上。這個觀點上的重大改變,讓他開始引介新的方法與工具,用於總體經濟學上。

## ● 時效不一致性觀念

他的第一篇重要文章與基德蘭合著,為今年諾貝爾獎引述的兩文之一:〈法則而非權衡:最適計畫的不一致性〉(Rules rather than discretion: The inconsistency of optimal plans),刊登在1977年的《政治經濟期刊》(*Journal of Political Economy*)上。該文的觀念簡單而根本,是討論短期與長期政策誘因不一致的問題。例如,在專利政策上,假設發明者花費十年研發新產品或製程,由於十年來的投資成本已經發生,因此政府最佳的短期政策是不給予專利保護,因為若然,其他人即可低價地複製該發明而獲利,整體社會除發明者外因而獲益。

根據此權衡政策而來的短期社會福祉很大,但是細究長期效應以後,就可看到嚴重缺失。因為人們今日的決定來自對未來的期望,今天的潛在發明者在決定是否投入昂貴的創新活動時,便會考慮未來的專利政策。

若他們預期未來的政策是上述的短期政策（即不給予專利保護）時，投資創新活動的意願便會降低，因為預期到投資在未來無法回收；反之，當政府用專利保護投資者，使在某個時限內，發明者有獨家的專利權時，因預期可以獲利，投資者便有意願進行投資。

普列斯卡與基德蘭強調「法則而非權衡」，簡而言之，從長遠來看，執行清楚的法則而非允許短期的權衡，是較佳的選擇。若政府所採行的政策法則能保障人民的未來，則個人將做出使未來更為繁榮的決策。上述觀念在現在聽起來似乎簡單，但在1960和1970年代卻不然。當時盛行的是經濟計量政策評估，忽略未來政策選擇對目前個人決策的影響。此篇文章點出這個盲點，不只對於經濟圈產生重大影響，對公共政策也衝擊至深。

在1970年代，許多國家皆存有嚴重的通貨膨脹問題，其政府都持續宣稱會積極尋求減少通貨膨脹的政策，但行政部門卻時常以短期政治壓力影響政策，使中央銀行的貨幣政策無法一貫。此篇時效不一致性文章的重點，便主張這些政府應設立真正獨立的中央銀行，使其貨幣政策不受政治壓力影響。文章影響所及，許多國家確實開始設立獨立的中央銀行。因此，普列斯卡對經濟科學最重要的貢獻，很可能就在這篇時效不一致性文章裡。

## ● 實質景氣循環

與股票溢酬之謎幾年後，基德蘭和普列斯卡合作另一篇關於景氣循環的文章。1970年代以前，傳統的看法認為，需求的週期性波動是景氣循環的主因。基德蘭和普列斯卡修正基本的動態經濟理論，使其包含生產的技術性衝擊。模型中並無需求或貨幣面衝擊，然而他們指出，許多

2001年普列斯卡應中研院邀請來台訪問一星期。普列斯卡（左）與前中央研究院經濟所所長、經建會主委胡勝正在宴會上合照。

重要的景氣循環特徵可用此模型重現；對於景氣循環，供給面比需求面更重要。這種技術性衝擊導致的循環後來被稱為「實質景氣循環」（Real Business Cycles, RBC）。這篇文章改變了經濟學家對景氣循環的看法，因為技術性衝擊能解釋大部分的景氣循環波動，是個全新的觀念。

　　該文另一項貢獻是方法論，顯示動態經濟理論可用來說明特定的定量問題，而這個容易處理的模型，竟能重現經濟體的諸多特徵，對學界也是一個震撼。該文〈建構時間與總體波動〉（Time to build and aggregate fluctuations）刊登在1982年的《經濟計量學》（*Econometrica*）期刊，這是諾貝爾獎引述的第二篇文獻。

　　普列斯卡的第三個主要貢獻是金融方面的一篇文章。眾人皆知債券的報酬比股票低，最明顯的原因是債券的風險低。普列斯卡和共同作者梅若（Rajnish Mehra），採取標準的經濟理論分析指出，對於合理的參數

值,風險上的差異只能解釋一小部分報酬的差異。此論點後來被稱為「股票溢酬之謎」,該文〈股票溢酬:謎題〉(The Equity Premium: A Puzzle)刊在1985年的《貨幣經濟學期刊》(*Journal of Monetary Economics*),刺激了關於此議題的研究。

時效不一致性、實質景氣循環以及股票溢酬之謎,對經濟圈影響重大,也開啟了大量的研究路線。諾貝爾獎得主大多是因為其一件重大貢獻,或幾件貢獻合併而獲獎,但許多學界人士認為,普列斯卡三項貢獻中的任何一項,均足以榮獲諾貝爾獎。

## ◉ 近期的研究與榮耀

普列斯卡的其他重要研究,包括一般均衡理論的非對稱資訊研究,和經濟成長中組織扮演的角色。此外,他和普任泰(Stephen Parente)

至中研院訪問時,普列斯卡也順道參加學生艾德榮的婚禮,並擔任證婚人。左起為普列斯卡、作者艾德榮、新娘洪鳴丰與艾倫(Beth Allen)教授(美國知名個體經濟學家)。

在經濟發展問題上，合作了許多研究計畫，其最近出版的 *Barriers to Riches*（2000，MIT出版社），包括了他們的研究精華。

普列斯卡的影響也可在其他領域看到，他最近研究的一項主題是數量經濟理論的應用。他認為應用經濟學家研究出一般均衡理論的數學邏輯只是個開端，一般均衡模型的實際威力在於模型參數的定量設定，這樣就可以對理論的定量預測和實際值進行比較。愈來愈多的理論經濟學家開始探討模型參數的數值與其合理性，而普列斯卡的研究應是導致這項改變的主要力量。

自從1970年代晚期起，普列斯卡的研究便逐漸產生影響力，而1990年代後，他開始榮獲經濟圈內一些最富盛名的榮耀和獎項：在1990年他成為第一位 Lionel McKenzie 講座、然後在1994年成為第三位 Pareto-Walras 講座、在1997年成為第一位 Lawrence Klein 講座、最近在2002年美國經濟協會年會成為 Richard Ely 講座、同年並獲頒 Erwin Nemmers 經濟獎（此榮耀係頒給對新知識或新分析模式發展有重大貢獻之經濟學家）。Nemmers 獎得主常續獲諾貝爾獎，其中麥克法登（Daniel McFadden）在2000年同時榮獲 Nemmers 獎和諾貝爾獎。

## ● 樂於教導學生

除了在研究上極為活躍外，普列斯卡也成功地教導出許多傑出研究生，魯卡斯曾說：「普列斯卡的學生並不學著成為他的助手，而是學著成為卓越研究者，自闢新路。」許多他的舊日學生已經嶄露頭角，成為有影響力的經濟學家，在諸如芝加哥大學等名校任職，亦有人成為經濟學界最富盛名期刊的編輯。

由下列事件可看出，許多學生是多麼感謝他的辛勤指導：在2002年

Nemmers獎表揚他的宴會上，許多昔日學生自美國各地前來參與；在諾貝爾獎宣布後隔天，許多昔日學生和同事亦專程飛到明尼亞波利向他道賀。普列斯卡曾說：「研究生比較不會執著於傳統思維，因此易於打破框框。若你一開始思考方式就像別人，你會得到像他人所得之的結論，也進到相同死巷。有了學生你會重新開始，有時他們會問到早該有人提的問題，這就打開了不同的思路。」他堅信師生互動能刺激經濟學的創新，也因他這樣對學生付出，以及他豐富的經濟學貢獻，普列斯卡無疑地是美國偉大的經濟學家之一。

## ◯ 幽默且專注的個性

普列斯卡的個性有趣且獨特，以專注和認真聞名。例如他參加國際貿易研討會時會提問：「國家是什麼？」，或在產業組織的演講會中發問：「公司是什麼？」；他會質疑一些通常認為是已知的基本觀念，並花許多時間和研究生以及其他人討論經濟學的各種議題。一個有趣的故事是，實質景氣循環理論發展出後幾年，一位系秘書告訴我，女人絕對不可以告訴普列斯卡，她們要出去消費以提振經濟，因為他會活力充沛且花相當多的時間，為她們上一堂關於技術性衝擊和景氣循環的課。

他也有幽默的一面，魯卡斯有次告訴普列斯卡他在做一個會用到經濟計量的計畫，魯卡斯問普列斯卡他應該挪出多少時間進行這個計畫？而因經濟計量缺乏理論基礎，於是在1970年代便放棄的普列斯卡回答說：「經濟計量學就像越戰，若必須參與，我建議你進去以後，盡快完成任務並馬上抽身。」

他的另一個特點是將事物單純化，這使他的論文均能明確對焦，但這個特性並不限於研究上。在和學生討論時，他習於簡單的溝通方式，

他謝絕冗長複雜的言詞解釋,而直攻問題核心。此外,他也以簡化公式著名。事實上,他無法容忍黑板上存在大量的方程式和不清晰的描述,他會要求去蕪存菁,讓討論清楚地、無干擾地集中在問題核心。

## ◎ 結語

今年的諾貝爾經濟學獎頒給基德蘭和普列斯卡,以表彰其兩項重大貢獻。他們的時效不一致性與實質景氣循環文章對於經濟圈均有重大影響,文中觀念不只改變了總體經濟學的研究方向,也影響公共政策至深。恭喜基德蘭和普列斯卡實至名歸!

## 基德蘭（Finn E. Kydland）

　　諾貝爾經濟學獎另一得主基德蘭為挪威裔，原在美國卡內基美隆大學教書，今年7月剛轉到美國加大聖塔芭芭拉分校任教。基德蘭原先於挪威唸大學（現也是其兼任教授），後來於卡內基美隆大學獲得博士學位，普列斯卡當時是他的指導教授。他一聽到和普列斯卡一同獲獎，就說：「普列斯卡一直是幫助我最多的研究夥伴。他在數學方程式和貨幣政策上的貢獻，才是此次得獎的最大貢獻。」基德蘭專長在政治經濟學，曾獲美國史丹佛大學Hoover Institution的研究獎金（John Stauffer National Fellowship）。基德蘭是台灣大學經濟系教授林向愷在美國攻讀經濟學博士時的指導教授。基德蘭曾在1991年受邀來台演講，但當時並沒有受到很大的注意。林向愷認為這是因為當時國內注重的是成長理論，因此對基德蘭所提的景氣循環不感興趣。

2004年11月3日，基德蘭前往阿根廷首都布宜諾斯艾利斯（Buenos Aires），參與經濟部會議。圖為會議期間，基德蘭（左）與阿根廷經濟部長Roberto Lavagna的握手合照。

艾德榮：時任教於淡江大學經濟系

# 2005 | 諾貝爾經濟學獎

# 短期衝突走向長期雙贏的賽局

文｜巫和懋

繼1994年諾貝爾經濟學獎頒給賽局理論的三位學者，
今年的諾貝爾經濟學獎，頒給另兩位在賽局理論有極大貢獻的
美國經濟學家謝林教授和以色列經濟學家歐曼教授。

湯瑪斯・謝林
Thomas Schelling
美國
美國馬里蘭大學帕克分校
（圖／謝林提供）

羅伯特・歐曼
Robert Aumann
美國、以色列
以色列耶路撒冷希伯萊大學
（圖／Sasson Tiram攝影，希伯萊大學提供）

2005年諾貝爾經濟學獎頒給湯瑪斯‧謝林（Thomas Schelling）與羅伯特‧歐曼（Robert Aumann），是繼1994年頒贈給納許（John Nash）、賽爾登（Reinhard Selten）、海薩尼（John Harsanyi）三人之後，第二次直接頒獎給賽局理論（game theory，又譯博弈理論）。

今年獲獎的謝林教授與歐曼教授，都專注研究動態和多次重複的不合作賽局。不合作賽局指的是參賽者各有其目標，在給定對手策略之下，尋找自己的最適策略；當一組參賽者策略互為最適反應時，就達到了1994年諾貝爾經濟學獎得主（也是電影《美麗境界》〔*A Beautiful Mind*〕主人翁）納許所提出的「納許均衡」（Nash equilibrium）。謝林與歐曼在這基礎上進一步研究參賽者的互動，在何種條件下可能經由短期衝突，走向長期合作的雙贏解，既有廣泛的應用價值，也有深刻的理論成就。

## ◎ 謝林──自由奔放的沉思者

謝林教授是個深沉的思想家，從身邊的事務到國際政治，都能找到以人性為基礎的共同脈絡。他曾用這麼一個生動的故事開始他對國際衝突的分析：深夜聽到樓下有響聲，你帶著一把槍下樓，悚然看到闖入的匪徒，手上也拿著一把槍；在對峙的剎那，閃入你腦海的會是什麼樣的想法？你希望匪徒能自動離去，或許匪徒也希望如此，可以避免一場不知如何收場的對峙。但是，危險的是匪徒可能會認為你想開槍，他為了阻絕你開槍而想搶先一步開槍。同時，你也可能認為他想開槍，為了自衛也要搶先開槍。於是結局可能像兩大強國在偶發衝突中，不幸走上了互相毀滅之途。

## ●「有效的嚇阻」理論

謝林教授吸收了到1950年代由納許發展出的賽局理論精華，深思在真實社會中如何應用賽局思考，在1960年出版的《衝突的策略》（*The Strategy of Conflict*，1960，哈佛大學出版社）中展現出豐碩的成果，深遠影響了當代的戰略思想。他發展出「有效的嚇阻」（credible deterrence）理論，考慮二個國家的對峙。國家面臨的情況有所不同，國家遭受攻擊後，可能有部分人口存活下來，不像故事中個人的遭遇，中槍後立即傷亡，賽局戛然終止。

因此，國家就有了「第二次反擊」（second strike）的可能。搶先攻擊雖然可能獲得奇襲的戰果，但是如果另一方保有足夠強大的第二次反擊力量，可以造成搶先攻擊一方的重大傷亡，搶先者就未必得到好處。所以，任何一方的反擊力量愈強，敵對方的突襲動機就愈低。

謝林因此推論，嚇阻對方突襲的關鍵在於：如何保有足夠的第二次反擊力量。在防禦對方攻擊時，重點不在於保護人民，而是要以保有第二次打擊的軍事力量為主。只要無法一舉毀滅我方，就要面對我方的強烈反擊，對方自然會知難而退，終究能達到保護人民的目標。謝林從觀察實際社會的運行得到啟發，經由賽局理論的嚴謹思辨形成理論，再為當政者所採用。例如，在美國與蘇聯的核武競賽中，雙方都重視如何保有第二次打擊的核武力，於是就發生了嚇阻作用，維持了戰後五十年美國與蘇聯一個大致和平的局面。

## ● 邊緣運用策略

其次，我們應該提到謝林在1960年所提出的「邊緣運用策略」（Brinkmanship），這也是賽局理論一個重要的應用。謝林提出，在雙方對峙不下時，可製造出一個「災難邊緣」，讓雙方同時滑向邊緣，以迫使對方退讓或妥協。這個災難邊緣應該不是一個立即墜落的峭壁邊緣，否則一失足成千古恨，就再也沒有運用策略的空間了。這個災難邊緣最好是一個緩降的斜坡，但也要加入一些不可控制的風險，像滑溜的青苔。在滑落的過程中，讓對方感受到墜落的風險，才有誘因想及早攀回崖上，重返安全。

在1962年古巴飛彈危機的處理上，就能看到邊緣運用的影子。甘迺迪總統發現古巴設有飛彈後，要求蘇聯撤走飛彈，固然要表示強烈決心，但又怕造成蘇聯誤解而使衝突升級，成為不可挽回的錯誤。在電影《驚爆十三天》（*Thirteen Days*）中，國防部長麥納馬拉奮不顧身出來，阻止海軍進行傳統的封鎖升級程序，指出：「這不只是封鎖，這也是甘迺迪與赫魯雪夫交談的語言，你們懂嗎？」

利用「不確定的威脅」來與對方進行溝通，是謝林提出的「邊緣運用策略」的一大特色。美國要傳達的訊息是：美國要求撤出飛彈的最後通牒，如果不為蘇聯所接受，就隨時有可能發生大戰，封鎖只是前奏曲而已，提醒對方情勢的險峻。其次，也不希望對方覺得美國已在求戰，在蘇聯領袖尚未作出反應之前，不希望先頭部隊的零星接觸造成衝突升級，讓雙方來不及理性對話；而軍方的固定封鎖升級程序，就是這個滑落邊緣過程中不可控制的風險，必須審慎控制，否則就很容易造成核子大戰。

## ● 不合作賽局

再來，我們應該提到謝林在「談判理論」上的貢獻。傳統的賽局理論以合作賽局架構分析談判，認為談判的結果應該具有效率；謝林在1956年提出以不合作賽局來分析談判過程，認為未必能得到雙贏的結果。謝

林討論在談判中如何建立「可信的承諾」（credible commitment），啟發1994年諾貝爾經濟學獎得主賽爾登（R. Selten）對「子賽局完美均衡」（subgame perfect equilibrium）的研究；他也討論在談判過程中，當未來互動的機會愈頻繁，就愈有可能建立互信達到雙贏，提供後來證明「無名氏定理」（Folk Theorem）的直覺基礎。

他提出，談判的均衡深受參與者對彼此預期看法的影響，這個影響可能牽涉到多層次的預期（我預期你預期我會如何作），帶動其後對「共同知識」的研究；他也提出在既有的賽局前，可以再加一個賽局，進行「策略性行動」，經由限制自身的行動，像破釜沉舟或切斷通訊，有可能達到較好的結果。在眾多的納許均衡中，他提出以站在對手角度思考來找尋「焦點」，作為預測何種均衡較可能發生，也影響深遠。

## ○ 全方位關注世界

謝林一生關注的研究題目多采多姿，從戰爭到和平，從邊緣運用到談判，都是他關心的議題。後來又關懷種族隔離、吸毒者自制和全球溫室效應等問題，他的分析不但改變經濟學的思考，也影響國際政治的思維。

我們無從印證他的著作，是否直接或間接影響古巴危機中美方的決策，或是二次大戰後美蘇的核武戰略；但我們看到1993年美國國家科學院（National Academy of Scineces）特別頒獎，以表彰他對防止核戰的重大貢獻。他在接受荷蘭鹿特丹 Erasmus 大學榮譽博士學位時也提到：戰後曾經多次瀕臨核戰邊緣，能夠自制不使用核武，是人類一個不容忽視的成就！我們可以補充的是，對於人類這個不容忽視的成就，謝林是一個難以忽略的功臣！

謝林的著作一直都是賽局理論家靈感的來源，他使賽局理論在真實

世界中發光發熱。年輕的謝林不拘泥傳統的思考架構，永遠考慮具有挑戰性的問題，少用數學而多用觀察和推理，不重多產而重創新，曾被其他學者認為是一個偏離正道的經濟學家；沒想到在多年之後，學界共識認為他是一個找到有意義研究途徑的先驅者（a pathfinder）。

正如美國經濟學家赫緒曼（Albert Hirschman）所言，謝林具有經濟學界最為自由奔放的心靈（one of the freeest spirits）；他的獲得諾貝爾經濟學獎，就是對勇於自由思考的最佳肯定。

## ◎ 歐曼——天才洋溢的理論家

在史丹佛大學晴爽的夏日陽光下，蓄著一臉鬍鬚的歐曼踽踽獨行，不時陷入沉思之中，鄰近胡佛塔演奏的巴哈管風琴樂也不能牽動他不變的身影。剛從激烈辯論的演講廳走出來，幾位諾貝爾獎得主和重量級理論大師的詰難還留在耳邊，歐曼發表的研究成果，居然受到各方的挑戰，他的表情不由得凝重起來。

當管風琴聲停止，坐在台下的我終於看到歐曼緩步走上講台，用他慣有的笑咪咪表情開場：「紳士們，其實答案是明顯而易見的。」我知道，歐曼又度過了一次驚濤駭浪，在經濟理論的國度裡再闖出了一片江山。

因為接受我的指導教授、1972年諾貝爾經濟學獎得主亞羅（Kenneth J. Arrow）的邀請，歐曼教授每年暑假都從以色列來到美國史丹佛大學參加經濟理論的盛會，持續了二十幾年。腦力激盪的波浪不但沒有沖倒他，反而激發了他，歐曼也創造出屬於他自己的宏偉波瀾。歐曼常說，來往史丹佛的二十幾年，就是他創造力達到巔峰的時期。有時他會停留到秋季，1980年代初在史丹福大學求學的我，才有幸上到他的課，經常聆聽他的教誨。

## ● 回國貢獻開花結果

羅伯・歐曼，經濟理論的巨人。因為是猶太人，8歲就隨著父母逃離希特勒的德國，在美國成長，取得麻省理工學院的數學博士後，就浸淫在賽局理論的聖地──普林斯頓大學作博士後研究。1956年接受了貝爾實驗室的高薪工作，在紐澤西州的他居然開始徹夜難眠，才發現自己心之所嚮，其實是想回去以色列，協助建立猶太人自己的國家。在貝爾實驗室工作了四個月後，26歲的歐曼就帶著新婚的妻子，回到耶路撒冷的希伯萊大學。他曾舉自身的例子告訴我們：實際的決策常比理論來得複雜，在必須決定的那個時點，很容易作出錯誤的決策。只有在事後覺得無所遺憾時，才能真正知道當時的決策是正確的。

歐曼在課堂上笑口常開，永遠頭帶猶太小帽的他，睿智風趣但也常陷入沉思；最悲痛的莫過於1982年，他的長子在黎巴嫩為國捐軀，最開心的是談及他的家人與學生。歐曼回到以色列，教導出好幾代優秀的經濟學家，都在國際學界展露光芒，為全球頂尖大學爭相聘請。二十五年的時光流逝，歐曼的學術聲望日隆，而以色列的經濟學研究也提升到世界強國的水準，歐曼的辛苦耕耘到1980年代就已開花結果。

## ● 無名氏定理與強均衡

歐曼最為人稱道的是他對「重複賽局」的奠基之作。重複賽局的應用很廣，像二家公司長久面對對方，每期都要決定是否要打價格戰；或像二國對峙，每期都要互動。歐曼在1959年就刻劃出，單次賽局重複無窮多次而成的賽局結構，指出重複賽局的策略相當豐富，可依對手過去行動而制定相應的獎勵或懲罰策略，重複賽局的納許均衡報酬也因此大幅

擴充，可以包含單次賽局中的合作解報酬。

像在出招一次的囚犯困境賽局中，不合作是唯一的納許均衡解，但是囚犯困境賽局在重複多次之後，囚犯考慮到以後還有很多合作的機會，在單次賽局中會傾向合作以換取對手的信任和未來的合作，雙方在長期中都會獲得更佳的報酬。這個由衝突可能走向合作的結果，由歐曼首度寫入他1959年的論文。他認為這個結果在學界已廣為流傳，在文章中謙虛的命名為「無名氏定理」（Folk Theorem），說是它像民謠（folklore）一樣已不知原創者，它可以表述成：「任何在單次賽局中，優於個人最低報酬的報酬組合，均可成為重複賽局中的納許均衡。」

歐曼對「無名氏定理」的嚴謹分析，證實了學界包含謝林教授的直覺和觀察，也讓後續的研究具有更為穩當的基礎。在他1959年論文中，歐曼其實引進了更為豐富的架構。

我們知道，達到納許均衡後，每個參賽者都沒有單獨偏離的誘因；歐曼更允許部分參賽者，可以形成聯盟協同偏離，當所有偏離都不能得到較高的報酬時，原報酬就達到他提出的「強均衡」（strong equilibrium）。如果只考慮個人的偏離時，歐曼的結果就產生了納許均衡和他所陳述的「無名氏定理」。歐曼提出的「強均衡」推廣了納許均衡觀念，也啟發了其他學者之後對聯盟形成（coalition formation）的研究。

## ● 不完全訊息的重複賽局

在1960年代，歐曼著手研究美蘇的限制核武談判，也同時發展出「不完全訊息的重複賽局」理論。長期談判是個重複賽局，在談判中如何由對手行動推估他所擁有的訊息？什麼是揭露或隱藏訊息的最佳策略？歐曼又得到不完全訊息重複賽局的重要洞見，成為重複賽局的最重要理論家。

他證明在無窮重複賽局中,任何一方使用私有訊息,在短期中雖能夠獲得利益,但在長期中終究會被對手察覺。如果你希望對方察覺,以便協調達到較佳的納許均衡,在決策中就可逕將私有訊息納入;否則就應該忽視這個私有訊息。歐曼證明了不同形式的無名氏定理,也用這個架構對限制核武談判提出很多建議。

## ● 共同知識──「你的臉髒了嗎?」

再來,我們應該提到歐曼對賽局理論基礎「共同知識」(common knowledge)觀念的貢獻。歐曼曾舉過一個簡單例子來說明,假使三位學生上完勞作課,把臉都弄髒了,圍坐在老師旁,教室沒有鏡子,也不允許他們彼此交談。老師依年齡次序問他們:自己的臉是否弄髒了?猜對有獎,猜錯有罰。這三位聰明的學生都不敢猜,因為雖能看到另外二位的臉,但是無法看到自己的臉。再考慮老師加了一句話:「你們中間至少有一位的臉是髒的。」這句話與三位同學觀察的相符合,但是這句話的意義特殊:每位都知道其他同學都知道這句話。有了這句話後,情況就開始改變了。第一位和第二位被叫到的同學雖然還是不敢猜,但是聰明的第三位同學就能猜了,而且應該會猜對。

為什麼?第一位同學看到另外二位是髒臉,推理:如果另外二位臉是乾淨的,我就可以根據老師那句話猜自己是髒臉;可惜不是這樣,所以不敢猜。第二位同學推理:第一位不敢猜應該是因為,看到在他之外至少還有一張髒臉,所以我和第三位同學中至少有一張髒臉;如果第三位同學臉是乾淨的我就能猜了,可是我看到第三位同學臉是髒的,所以我也難以判斷我的臉是髒還是乾淨,還是不要猜。第三位同學推理:從第一位的不猜,第二位同學應能推理出,第二位和第三位中至少有一張

髒臉，如果他觀察到我的臉是乾淨的，那第二位同學已經可以猜自己臉是髒的；可是看到他不敢猜，可見他觀察到我的臉是髒的。所以，我敢猜我的臉是髒的。

這個例子就表彰出「共同知識」的重要性。歐曼稱某訊息為共同知識，指的是每位參賽者知道所有參賽者都知道該訊息，而且所有參賽者都知道，所有參賽者都知道所有參賽者都知道該訊息……直到無窮層次都知道。在老師尚未提示之前，「至少有一張髒臉」就不是共同知識，三位同學不能依對手的行為作出有意義的推論。加入「至少有一張髒臉」的共同知識後，三位同學就可作出合理的推論，分別作出不猜或猜的最佳決策。

歐曼對共同知識的研究，就是在史丹佛大學的討論會中所激發出來，也受到亞羅的影響。他率先對「共同知識」作出嚴謹的分析，並且證明當參賽者都具有對賽局結構的共同知識，和對所有參賽者具有理性的共同知識，他們的決策就會走向一個納許均衡。「共同知識」的提出，不但為納許均衡的合理性，提供了一個知識論的哲學基礎，也很快用來刻劃不同架構中，參賽者所擁有的訊息和呈現出的理性程度。近年更作為分析賽局使用的各種均衡觀念，也被應用來研究投機行為和有限理性等各種課題。

## ● 點石成金的多樣研究

歐曼曾提到，他以數學家的背景而走上研究經濟這條路，深受賽局理論開創者摩根斯坦（Oskar Morgenstern）和我的導師亞羅的影響，尤其是在史丹佛大學，二十餘年智慧火花的充分交流，大幅擴展了他的視野。歐曼關注的經濟問題，大幅超出不合作賽局的領域。他在一般均衡

理論上，證明了著名的「等價定理」（Equivalence Theorem）：合作賽局的核心會趨近競爭性均衡。他在合作賽局和聯盟形成方面也貢獻良多，也提出「聯帶均衡」（correlated equilibrium）觀念；近年更探討，個人理性假設在經濟理論中的角色。歐曼的研究幾乎是點石成金，觸及的題材都帶動了後起的研究風潮，處處可見他的天才洋溢。

歐曼回到以色列以後，也不是從此就無所煩憂。以色列與鄰國的戰火未曾歇息，教出來的學生，有些或為高薪，或為安全移民歐美，而長子的戰死沙場更是他心中之痛，他為回國也付出了沉重的代價。在動盪不安的情勢下，以色列當局曾請他諮詢以色列與鄰國的軍事、外交問題。雖然他是衝突與合作的理論高手，但是建言未必能被採用，面對當前的以巴情勢，他也常有幾分深沉的無奈。

2005年10月11日，從瑞典斯德哥爾摩來的電話終於打到了以色列希伯萊大學，在螢光燈下的歐曼緩緩步走上講台，滿臉鬍鬚已成雪白的他，在獲知得獎之際，仍不忘把諾貝爾獎的榮耀奉獻給希伯萊大學和他心愛的國家——以色列。

鏡頭中的他，擁抱著孫兒，而熱淚已然盈眶。我不禁感觸，這位經濟理論的巨人，在最感動的刹那，心中不知會想起什麼？是圍繞身邊親友和學生熱切的面孔？是獲知長子戰死那晚的悲哀？是在史丹佛大學沉靜思考的夏日？還是在紐澤西州決定回國的那晚，思考此生道路是否會無所遺憾？

## 囚犯困境與無名氏定理

在「囚犯困境」（Prisoner's Dilemma）中，警察分別隔離偵訊囚犯，又採用「抗拒從嚴，坦白從寬」的原則，設定報酬結構如下。兩位囚犯皆否認能得到報酬（-1,-1），但是乙偏離（承認）可得0，又給定乙承認時，甲在-6與-9中會選擇-6（承認），雙方都承認才是「納許均衡」策略，此時才沒有單方面偏離的誘因。一次互動的均衡只能得到（-6,-6），陷入了所謂的「囚犯困境」。把囚犯困境重複多次，他們就可能採用動態獎懲策略。任何一期的偏離（承認）都可能遭受到對手下一期的報復（承認），因為短期的偏離獲利不高（從-1到0），而下期的損失可能更大（從-1到-6或從-1到-9），所以在重複賽局中有可能走出囚犯困境。這就是「無名氏定理」的應用：個人雖只考慮私利，但是經由動態的獎懲策略，仍有可能達到長期的（雙贏）合作解。

| | | 乙 | |
|---|---|---|---|
| | | 否認 | 承認 |
| 甲 | 否認 | （-1,-1） | （-9,0） |
| | 承認 | （0,-9） | （-6,-6） |

巫和懋：時任教於台灣大學國際企業系

## 通膨與失業間的干擾因子

文｜黃朝熙

1950～1960年代的主流總體經濟理論認為，
通貨膨脹與失業率之間存在穩定的負向關係，
但1970年代高通膨和高失業率同時存在的情況，卻與此主流論點不符，
而艾德蒙・費爾普斯（Edmund Phelps）把人們對通貨膨脹的預期
也納入考量，才讓理論更貼近於實際。

艾德蒙・費爾普斯
Edmund Phelps
美國
美國哥倫比亞大學

2006年10月9日，瑞典皇家學會宣布美國哥倫比亞大學經濟學系73歲的艾德蒙‧費爾普斯教授獲得諾貝爾經濟學獎，得獎原因是他對總體經濟政策在短期與長期效果之間關係的卓越研究。

## ◉ 失業與通貨膨脹絕對是負向關係？

費爾普斯教授最重要且影響深遠的研究貢獻，在於他對失業率與通貨膨脹率間，短期與長期關係的理論分析。眾所皆知，失業與通貨膨脹並不是人們所樂見，而各國政府的總體經濟政策皆以降低失業率與通貨膨脹率為主要目標。

在1950與1960年代，歐美主流的經濟學家都認為，一個國家的通貨膨脹率與失業率間存在穩定的負向關係，由於英國經濟學家菲力浦（A.W. Phillips）首先觀察到英國1861～1957年的通膨與失業資料顯現了此負向關係，因此描繪此關係的曲線被稱為菲力浦曲線（Phillips curve）。

1950～1960年代，美國通貨膨脹率與失業率之間的關係確實如菲力浦曲線描繪的，呈現負向關係。因此，當時主流總體經濟的想法為，政府總體經濟政策的目的，在於達到菲力浦曲線所描繪的通貨膨脹率與失業率的各組合中最理想的組合。若政府覺得目前的失業率偏高，其可以採用較寬鬆的貨幣政策來刺激需求，此時失業率會降低，但代價是人們必須容忍較高的通貨膨脹率。反之，當政府採用緊縮的貨幣政策來壓低通貨膨脹率時，則會造成產品滯銷與失業率提高。

費爾普斯教授1968年在《政治經濟期刊》（*Journal of Political Economy*）所發表的一篇論文〈Money Wage Dynamics and Labor Market Equilibrium〉，對於上述的想法提出質疑。他在文中建構了一個勞動市場的均衡模型，在模型中，費爾普斯特別考慮了雇主與勞工的通

膨預期對勞工薪資的影響，並據此推導出經濟學教科書中所稱的「納入預期的菲力浦曲線」（expectations-augmented Phillips curve，圖一）。

　　根據費爾普斯的理論，人們對通膨的預期亦會影響實際的通貨膨脹率，因此通貨膨脹率與失業率之間，並不存在一個穩定的負向關係；只有在預期通膨固定的情況下，通貨膨脹率與失業率才存在負向的關係。費爾普斯的理論亦顯示，當通貨膨脹率與預期通貨膨脹率相等時，失業率會趨向一個均衡值，我們稱之為「自然失業率」（natural rate of unemployment）。

　　根據費爾普斯提出的準則，通貨膨脹率高（低）於預期的通貨膨脹率時，實際的失業率會低（高）於自然失業率。由此可知，當政府突然採用

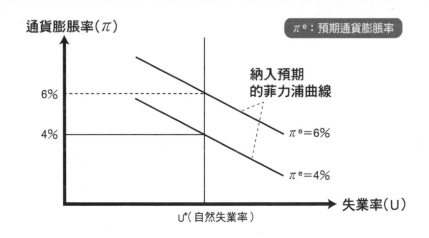

圖一　「納入預期的菲力浦曲線」顯示，當人們對通貨膨脹的預期固定時，失業率和通貨膨脹呈負向關係；當通貨膨脹率與預期通貨膨脹率相等時，失業率會趨向自然失業率。（作者提供）

寬鬆的貨幣政策來提高通貨膨脹率時，因為人們對通貨膨脹率的預期無法即時修正，所以失業率會暫時降低。然而，當人們對通貨膨脹率的預期逐漸調整，待預期等於實際的通貨膨脹率時，失業率就會逐漸回升至自然失業率。

由上述的推論顯示，政府運用寬鬆的貨幣政策來刺激通膨，雖然可以暫時降低失業率，但長遠看來並無幫助；更甚之，由於人們對通貨膨脹率的預期已升至較高的水準，政府如果想再壓低失業率，則必須將通貨膨脹率提升至更高的水準。

總括而言，費爾普斯的理論顯示，政府一味的利用寬鬆的貨幣政策，來追求短期失業率的降低，無異於飲鴆止渴，長遠看來，不但得付出通貨膨脹日益嚴重的代價，且對於降低失業率並沒有幫助。

## ◎ 費爾普斯理論的影響

1968年，費耳普斯發表關於失業與通膨的論文後不久後，歐美各國便進入了高通膨與高失業率並存的1970與1980年代。傳統菲力浦曲線所勾勒的通貨膨脹與失業率穩定的負向關係不復存在，而費爾普斯所提出的「納入預期的菲力浦曲線」卻可以合理解釋當時高通膨與高失業率併存的現象，總體經濟學界的主流思潮頓時不變。

而後芝加哥大學的盧卡斯教授（Robert E. Lucas Jr.，1995年諾貝爾經濟學獎得主）將理性預期（rational expectations）假說納入一般均衡總體模型，建構出著名的理性預期–新興古典模型，將費爾普斯提出的論點發揮地更淋漓盡致。

此外，美國明尼蘇達大學的普列斯卡教授（Edward Prescott）與卡內基美侖大學的基德蘭教授（Finn Kydland）利用「納入預期的菲力浦曲

線」，探討貨幣政策擬定時，常出現的「最適政策前後不一致」（time-in-consistency）的問題，並且據以支持總體貨幣政策的擬定應該依循「法則」，而不宜採用因時制宜的權宜方式。普列斯卡教授與基德蘭教授也因為上述分析，以及景氣循環議題的研究，而獲得2004年的諾貝爾經濟學獎。

費爾普斯的失業與通貨膨脹理論對於後續總體經濟理論的發展有非常重要的啟發，並促成多項獲得諾貝爾獎的經濟學研究，由此可見，費爾普斯獲獎的時間似嫌稍晚。

費爾普斯對失業與通貨膨脹的研究，不僅對總體經濟學界的主流思潮產生重大的影響，世界各國政府對總體經濟政策的擬定，亦多受其理論的啟發。近年來，世界各國的中央銀行紛紛將控制通貨膨脹作為最主要的政策目標，而自1980年代中期以來，各國的通貨膨脹多能維持在合理的水準，1970年代的高通膨已不復見，這些有相當程度應歸功於費爾普斯的理論對總體經濟政策的革命性影響。

除此之外，費爾普斯的學術貢獻在最適資本累積速度、人力資本對技術擴散與經濟成長的影響等議題，皆有重要的創見。而他與前哥倫比亞大學同事卡佛（Guillermo Calvo）及泰勒（John B. Taylor）在「非同步薪資與商品定價模型」（nonsynchronous models of wage-setting and pricesetting）相關議題的合作研究，則為近代「新凱因斯學派」總體經濟理論的先驅。

## ● 費爾普斯的學術思想根源

費爾普斯於1933年出生在美國伊利諾州芝加哥市的近郊。幼年時，正值美國經濟大蕭條，父母親相繼失業。6歲時，父母親在紐約找到工作，舉家才遷至東岸定居。費爾普斯一路從小學到研究所，都在美國東岸接

受教育。他在1959年時取得耶魯大學的經濟博士學位，1960～1970年期間，相繼在耶魯大學以及賓州大學任教，1971年才轉至哥倫比亞大學任教至今。

由費爾普斯的童年經驗與學術歷程可以看出，他應深受凱因斯經濟思潮的影響。美國東岸諸如耶魯、哈佛以及麻省理工學院等著名大學的經濟系，一向是凱因斯學派的大本營。費爾普斯在自傳中提及，求學與研究生涯的早期，對他深具影響的經濟學家包括有托賓（James Tobin，1981年諾貝爾經濟學獎得主）、薩繆森（Paul Samulson，1970年諾貝爾經濟學獎得主）及梭羅（Robert Solow，1987年諾貝爾經濟學獎得主）等凱因斯學派的代表性人物。

費爾普斯在耶魯大學就讀研究所時，也受到來自中歐的費納教授（William Fellner）與沃立許教授（Henry Wallich）思想的啟發。費納與沃立許承襲中歐經濟思想的傳統，特別強調預期心理對於薪資與物價影響的分析。費爾普斯所提出的失業與通貨膨脹理論中，預期通膨所扮演的重要角色，其根源應來自此。

## ◎ 英雄所見略同

一項有趣的巧合是，費爾普斯在發表其失業與通貨膨脹理論的同一年（即1968年），芝加哥大學的弗里德曼教授（Milton Friedman，1976年諾貝爾經濟學獎得主）亦在《美國經濟評論》（*American Economic Review*）期刊發表的〈The Role of Monetary Policy〉一文中，提出了和費爾普斯失業與通貨膨脹理論非常類似的觀點。貨幣學派的代表性人物弗里德曼，其經濟觀點一向與凱因斯學派南轅北轍。然而在失業與通膨關係的研究議題上，分屬二陣營的弗里德曼與費爾普斯，竟能達成共識，

可見此觀點確實具備嚴謹的邏輯與可信度,以致於英雄所見略同。

以弗里德曼為代表的貨幣學派,相信自由市場機制,主張政府應儘量減少對自由市場的干預,並認為經濟景氣循環發生的主因並非市場失靈,而是政府未能將貨幣數量控制好。故貨幣學派主張,政府總體經濟政策的首要工作,是穩定貨幣供給量。而費爾普斯所屬的凱因斯學派則主張,市場經濟時常會出現失靈的現象,如民間對商品的需求,往往因對未來預期轉趨悲觀而突然下降,此時若政府不利用增加公共支出等方式來刺激需求,整體經濟景氣將會衰退。故凱因斯學派主張,政府應隨時利用總體貨幣與財政政策來穩定整體經濟。

## ◎ 提升研究環境,期與國際接軌

諾貝爾經濟學獎自1969年設立到2006年,共有58位經濟學家得獎,這些得獎者,包含費爾普斯在內,大都在美國任教,且遍布在全美將近20所大學。許多得獎者的研究在剛提出時,由於理論與當時的主流觀點相左,因此往往需經過長時間的考驗,其重要性才逐漸被認知並發揮影響力。

由上述觀察我們有兩點啟發:(一)美國的學術機構,由於資源豐富,因此得以吸引全世界最優秀的學者。而美國的學術市場活絡,在自由開放與資訊充裕的大環境下,傑出的研究可在各處萌芽;(二)重大的創新與發現,往往並非刻意追求所得或政府主導下所產生,而是優秀的人才在良好的環境搭配下,靈感乍現的產物,這些創新與發現多具有相當成分的偶然性。

由此可知,政府如要提高國內的研究水準,應全面性的增加教育研究資源,提升大學與研究機構的待遇與設備,使與國際接軌,才能吸引

一流的研究人才。在優良的人才與研究環境搭配下，傑出的研究成果必定會產生，至於何項領域在何時與何處會獲得突破性的進展，則應留待上天來決定，而非政府所能且所應操心的。

黃朝熙：時任教於清華大學經濟學系

# 設計機制創造市場

文｜紀志毅

**赫維克茲**
Leonid Hurwicz
俄國
美國明尼蘇達大學
榮譽教授
（圖／諾貝爾基金會提供）

**埃里克・馬斯金**
Eric Maskin
美國
美國普林斯頓大學
高等研究中心
（圖／諾貝爾基金會提供）

**羅傑・梅爾森**
Roger Myerson
美國
美國芝加哥大學
（圖／諾貝爾基金會提供）

2007年的諾貝爾經濟學獎由研究「機制設計」（mechanism design）的三位教授共同獲得，他們是赫維克茲（Leonid Hurwicz）、埃里克‧馬斯金（Eric Maskin）、及羅傑‧梅爾森（Roger Myerson）。赫維克茲現年90歲，為美國明尼蘇達大學的榮譽教授，另外兩位得主還不到60歲，他們當年在美國哈佛大學讀博士時為同門師兄弟，師父都是亞羅（Kenneth Arrow，1972年諾貝爾經濟學獎得主之一）。馬斯金長年任教於哈佛，但現在是美國普林斯頓大學高等研究中心的教授，他住在以前愛因斯坦住過的房子；羅傑‧梅爾森現任教於美國芝加哥大學。

## ● 所羅門王的機制設計高明嗎？

什麼是「機制設計」？這是大多數人聽到瑞典皇家學會宣布得獎名單及理由時的第一個反應，但事實上「機制設計」並不罕見，你我可能還都參與過某些「機制設計」。舊約《聖經》中有個很有名的例子，就是西元前九百多年，所羅門王決斷二女爭子的故事：兩位妓女同住一房，他們相繼生了一個嬰兒。有天夜裡，其中一個嬰兒死了，但兩人都說死的是對方的嬰兒，還活著的是自己的嬰兒，於是便告到所羅門王面前。所羅門王於是下令，拿刀將活著的嬰兒劈成兩半，兩位媽媽各拿一半回家。此時，一方說：「好啊，就把嬰兒劈了吧！」但另一方不忍見到這種結果，便說：「孩子不是我的」。於是所羅門王認為，願意讓出嬰兒的是真正的媽媽。（至於說謊的媽媽下場如何，《聖經》中並未交代，但我們可以合理的推測，她應該是被劈成兩半。）

「機制」類似一個遊戲，參與者需依據遊戲規則，傳達訊息或做些動作，然後由設計者判定結果。這類遊戲的特點是，參與者知道一些設計者不知道的事，即他們的資訊並不對稱。而「機制設計」便在探討，怎樣

才能設計出讓設計者滿意的機制。我們現在以「機制設計」的術語來描述上面的案例：所羅門王為機制的設計者及裁判，兩位媽媽是參加機制遊戲（雖然這個遊戲既恐怖又一點都不好玩，我們還是稱它為遊戲）的人，所羅門王在乎的是他自己英明的形象及名聲，所以他希望能找出真正的媽媽。為了解決資訊不對稱的問題，他訂出遊戲規則後，要求雙方說誰是媽媽，如果兩人都說自己才是，那就劈了嬰兒。在故事中，真正的媽媽反而說她不是真的媽媽，而假的媽媽則仍堅持她是真的，於是所羅門王漂亮地解決了這個難題。

然而，是所羅門王的智慧還是假媽媽的一時疏忽造成這樣的結果？所羅門王顯然騙倒了假媽媽，要是她想得夠清楚，或者她也心軟，不想看到可愛的嬰兒一分為二，結果將是兩個媽媽都說嬰兒不是她的，那所羅門王大概只能因惱羞成怒而殺了她們，但世人將不會覺得他有多聰明。所羅門王在設計他的機制時，清楚地體認到，即使以他的威望，這兩個媽媽中，仍然有一位敢在他的面前說謊。但是，他的機制卻是有缺陷的。那麼，所羅門王該怎樣設計他的機制？我們稍後再回來討論這個案例。

在20世紀初，有群經濟學界的大師，激烈辯論社會主義與資本主義的優劣。認同社會主義的，認為社會主義的架構並不必然犧牲經濟的效率，而且，自由市場能做到的事，沒有道理不能由稱職的中央機關來完成。而延續亞當·斯密香火的學者，則相信自由市場的效率，絕對無法與「由上而下」的社會主義相容，更何況經濟事務千頭萬緒，中央機關如何能充分掌握？但另一邊的學者則反駁，如果世界真的這麼複雜，交給市場自由發揮為何就會比交給人來管理好？在兩邊的陣營僵持不下時，海耶克（Friedrich von Hayek，1974年諾貝爾經濟學獎得主之一）在1945年提出一個新的辯論規則，他認為不管是任何主義的經濟制度，都

應該要能夠讓散布四方的資訊相互溝通，因此，要比較不同的經濟制度，就該把焦點放在這些制度在傳遞資訊方面的優劣。然而，當時的學者對於資訊的傳遞，尚無深入了解，海耶克的主張，像是另闢戰場，留給雙方的徒弟們繼續纏鬥。赫維克茲便是接續這場辯論的主角之一。

　　讓赫維克茲獲得諾貝爾獎的主要貢獻，是他在1972年（時年55歲，差不多是另兩位得獎者現在的年紀）時，所提出的「誘因相容」觀念（incentive compatibility），他認為，擁有未公開資訊的人，會傳達出什麼資訊，是決定於他所面臨的誘因。之前參與辯論的兩個陣營，都只考

梵諦岡博物館裡拉斐爾所繪的壁畫《所羅門王的裁判》，描繪的就是文中所提所羅門王的機制設計。

慮到「資源有限」的限制條件，忽略了資訊也是一項限制。例如，薩穆森（Paul Samuelson，1970年諾貝爾經濟學獎得主）在1954年提出的「公共財理論」（公共財是像國防或消防隊這類的東西，沒繳錢的人仍可得到它所提供的服務）中證明，即使生產公共財的效益高過成本，在私有市場中卻不會有人想要出錢購買，因為大家都想免費享用，因此也就沒有人願意生產公共財。公共財因而被視為自由市場所面臨的限制，也是政府存在的理由之一。一般談自由市場的好處時，都會強調，當我們只討論私有財（非公共財）時，自由市場是最有效率的。然而，赫維克茲點出，即使在私有財的市場，如果資訊不是完全公開的，市場交易的結果，未必是有效率的。例如，消費者可能因無法知道產品品質而買太多、或買太少；買賣雙方也可能因誤判對方底線，而無法完成雙贏的交易。

在1972年之後，有關資訊不對稱的研究進展很快，其中有些成果都已獲得諾貝爾獎，還好赫維克茲活得夠久，終於得到該有的肯定。回到社會主義與資本主義孰優的辯論，雖然20世紀社會主義的實驗是失敗的，但它為何會失敗，仍值得我們思考。畢竟，「誘因相容」的機制，也可以在社會主義體制中產生。有興趣探究的讀者，可以到羅傑·梅爾森的網頁上，尋找相關的討論。

## ○ 經濟學家PK所羅門王

馬斯金與羅傑·梅爾森都是受赫維克茲的啟發，而在1970年代鑽研「機制設計」。馬斯金將賽局理論中的「納許均衡」（Nash Equilibrium，納許為1994年三位諾貝爾經濟學獎得主之一），應用到機制設計中。他認為，參與機制遊戲的人所做的決定，應符合納許均衡，也就是說，每一位參與者的決定，必須是針對其他參與者的決定的最佳反應（對策）。這

個要求比赫維克茲所提的「誘因相容」更嚴格,因為每一位參與者都需預先考慮到對方的因應方式,而不是只看自己喜歡那個選項。在所羅門王的機制中,當真的媽媽說要讓出小孩,假的媽媽的最佳反應應該是她也要讓出小孩,所以,所羅門王機制能夠成功的原因,是假的媽媽犯了錯。那麼,怎樣才能讓兩個媽媽在深思熟慮後,做出符合納許均衡的決定,並且還能讓所羅門王據而將嬰孩歸給真正的媽媽?

馬斯金是我在哈佛大學唸博士時的指導教授,在此幫他做點廣告。馬斯金的主要貢獻,是他1977年在計量經濟學會的一場研討會上所發表的文章,這篇文章立即引起學界重視,並經常被引用。不過,這篇文章到1999年才正式刊登在期刊上,原因是馬斯金當年認為同一領域的學者都已經知道這篇文章,沒什麼必要還拿來投稿。後來因為該期刊要做機制設計及契約理論的專號,才請馬斯金正式投稿。由這件事,也許讀者可以想像他的為人處事態度。以前台灣和中國大陸到哈佛讀經濟學的人,幾乎都找他當指導教授,我想原因有二:第一,他講話很清楚而且速度不快,我們不用一直說「pardon me」或聽不懂裝懂。第二,他有教無類。他雖指導過相當多後來成為學術界超級巨星的學生,但對「表現不如大盤」的學生,他仍一樣盡心指導。他是我們壓力的來源,也是讓我們得以念完學位的支撐。

馬斯金在這篇文章中,探討在什麼樣的條件下(現在稱為馬斯金單調性條件,Maskin monotonicity),設計者能夠設計出具有納許均衡的機制。這篇文章是施行理論(implementation theory)的開端,這些理論探討什麼機制設計是設計者可以施行的。不幸的是,所羅門王要解決的問題,並不符合馬斯金所找到的條件,也就是說,二女爭子的案例中,沒有任何機制,能夠產生讓所羅門王做出正確裁決的納許均衡。還好,

後來有學者修改均衡的條件，並且加入金錢，讓現代的所羅門王可以不用再以血淋淋的方式來維持智者的形象。

我們合理假設，為了得到孩子，真的媽媽所願意付出的金錢應該超過假的媽媽。例如，真的媽媽願意付1000金幣，假的媽媽只願付500金幣。所羅門王可設計個三階段的機制：（一）所羅門王要甲媽先說孩子是誰的；如果她說「是乙的」，那就把孩子歸乙媽，然後退堂。如果甲說「是我的」，那就換乙說。（二）如果乙說「沒錯，是甲的」，那小孩就歸甲媽，然後退堂。如果乙說「不對，是我的」，那麼，乙必須付給所羅門王X個金幣（有點像保證金），同時，甲要被罰一個金幣。然後，（三）甲選擇要不要也付給所羅門王X個金幣；如果她也付出X，則孩子歸甲，而且乙要被罰一個金幣。如果甲不付，則孩子歸乙。

在甲乙兩位媽媽都了解規則後，如果甲是真的媽媽，她會說「是我的」，那麼，乙會不會挑戰甲的說法？如果乙挑戰甲，乙最多只會付500個金幣，但是甲一定會在第3階段挑戰回來，也付出500個金幣，如此一來，乙不僅得不到小孩，還要付出501個金幣。所以，乙只會同意甲的說法。

如果甲不是真的媽媽，但她卻說「是我的」，則乙一定會挑戰甲的說法，並付出500個以上的金幣，而甲將不願在第3階段付這麼多金幣，所以，甲除了得不到孩子，還將被罰一個金幣。因此，如果甲不是真的媽媽，她一開始便會說「是乙的」。所以，無論誰是真的媽媽，所羅門王最多讓她們各說一句話，便可解決這場紛爭。雖然到最後兩個媽媽都沒付出任何金幣，但錢並非所羅門王要的，所以他也不在乎。

剛剛的機制因為使用到錢，使得故事不會那麼恐怖，運作起來也不會這麼生硬。但要談加入錢的機制設計，我們必需先介紹另一位得獎者──羅傑‧梅爾森。

## ◎ 經濟學家的「學以致用」

當我們開始思考機制設計，會先碰到的一個問題是，要參與者說什麼訊息或做什麼選擇，例如剛剛的兩個媽媽除了說，還可能要付錢；而我們也不免懷疑，是否還有更好的傳達資訊的機制。羅傑‧梅爾森的主要貢獻，是「簡單資訊原則」（revelation principle），他證明在設計機制時，如果這個機制遊戲中有均衡，我們只需直接問參與者：「說出你知道的資訊」，也就是使用「直接資訊」即可。這項發現大大簡化了機制設計，它雖是由多位學者在幾乎同一時間分別找到，但羅傑‧梅爾森將它運用地最為廣泛，尤其是有關拍賣的研究，它是羅傑‧梅爾森獲獎的主要原因。

拍賣制度源遠流長，在經濟學家研究它之前，就已經是相當成熟的制度。但羅傑‧梅爾森、馬斯金及許多學者，體認到設計一場拍賣，就是設計一個機制，因此他們結合拍賣與機制設計的理論，將原本不存在的市場，透過政府或國際組織的力量，以拍賣的形式創造出市場。現在最紅的例子，便是二氧化碳排放權。本來，汙染和公共財都是自由市場無法正常運作的因素，也是政府干預市場的正當理由。但1991年的諾貝爾獎得主寇斯（Ronald Coase）在1960年時卻認為，汙染問題的根源是出在清潔的環境為無主物，沒有人有所有權，而沒有所有權，自然就無法靠市場來分配；一旦所有權界定好，問題就解決了。不過，寇斯假設，在釐清所有權的歸屬後，談判的成本不會太高；但實際的情況卻大多相反，也讓人不禁懷疑寇斯是否太天真了。

機制設計理論讓我們得以實現寇斯的想法，透過政府或國際組織的力量，訂出可以接受的汙染總量，然後以拍賣的方式，分配這些汙染量。這樣的制度，讓汙染者與汙染承受者，有機制可以表達雙方認為汙染的

價格是多少,就像大家上雅虎奇摩網拍般的便利,而現在二氧化碳排放權甚至還能在期貨市場上交易。原來相當抽象難解的機制設計理論,竟然衍生出這麼實際的應用!「學以致用」說來容易,但卻是所有經濟學家夢寐以求的理想,得到諾貝爾獎的肯定,只是錦上添花而已。

紀志毅:時任教於中興大學財金系

# 新貿易理論補充古典貿易模型不足

文｜邱俊榮

有「烏鴉嘴」之稱的保羅・克魯曼，
因在貿易模型分析以及經濟活動區位的卓越成就，
獲頒2008年諾貝爾經濟學獎。

保羅・克魯曼
Paul Krugman
美國
美國哥倫比亞大學
（圖／下村脩提供）

2008年的諾貝爾經濟學獎頒給素有盛名、專長在國際經濟學的美國經濟學家保羅・克魯曼（Paul Krugman）。克魯曼1953年生於紐約長島，現年55歲，屬於天才型的經濟學家。他於1974年在耶魯大學經濟系完成大學學業，時年21歲，1977年獲得麻省理工學院經濟學博士，年僅24歲。他隨即返回耶魯大學經濟系擔任助理教授，自1977年至1980年，為期三年。1980年克魯曼27歲，再度回到麻省理工學院擔任副教授，並於1984年升為正教授，時年31歲，其後更榮任經濟學「福特國際教授」（Ford International Professor）。1982到1983年，而立之年的克魯曼，便擔任美國雷根總統經濟顧問委員會的資深經濟學家。他也曾任教於史丹佛大學，目前則任職於普林斯頓大學，教授經濟學與國際事務，並於1999年起擔任紐約時報的專欄作家，每星期發表兩篇通俗文章，是公認非常入世的經濟學家。

## ● 優游學術 擁抱群眾

克魯曼的研究專長主要在於國際貿易與國際金融，是「新貿易理論」（new trade theory）的主要奠基者之一，近年則非常專注於國際金融與通膨危機的研究。克魯曼在頗為年輕時即已展露研究才華，不但著作豐富且擲地有聲。他在38歲時即榮獲美國經濟學會頒發的「克拉克獎章」（John Bates Clark medal）。克拉克獎章每兩年頒發一次，是美國經濟學會針對「40歲以下、對經濟思想與知識具有顯著貢獻的美國經濟學家」的表揚，素有諾貝爾經濟學獎搖籃之稱。雖然克魯曼的成長與活動範圍大多限於美國的東北部，但是他的影響力遠較此寬廣得多。到2008年為止，克魯曼曾經撰寫或編輯過20本以上的書籍，完成200篇以上的專業學術期刊與專書論文。他不僅在經濟學理論上的成就與貢獻頂尖，更藉

由通俗書籍與文章解釋經濟現象、評論經濟事務,其影響不僅在於嚴肅的學術界,更及於普羅大眾。

克魯曼是諾貝爾經濟學獎得主中,少數在得獎前即廣為普羅大眾所知的經濟學家之一,這當然與他積極活躍的個性、與對政府及時事不吝大鳴大放有關。對於諾貝爾經濟學獎,即使他自己做作地若無其事,還在公布得主的當日早上在自己的部落格上寫道:「今天早上我有一些好笑的事發生」,但是事實上,學界對於克魯曼可能獲得諾貝爾獎的猜測已存在些年,他不可能不知道這個情形。雖然在克魯曼得獎後,各界(特別是國內)讚頌之聲不絕,間也有些對他不是十分認同的聲音,但這些大多是對其在預測經濟情勢(如1997年亞洲金融風暴或東亞經濟成長的微弱基礎)、或對布希政府的嚴詞批評等通俗言論的觀察。諾貝爾獎作為全球最高學術榮譽的代表,其所要表彰的,當然不會是克魯曼的通俗言論,其在相關學術領域必有其貢獻與可觀之處。

就學術研究而言,克魯曼對於經濟事務的洞察力極高。較之其他學者,他通常在一個經濟議題出現的幾個月或幾年前即加以鎖定,並針對議題建構一個不算太龐雜的經濟模型,提供嶄新且未能先被預期的經濟意涵。當這些議題很快引起一般重視後,克魯曼的模型早在一旁等待其他經濟學家的追隨。這些經濟學家對於克魯曼的反應通常讚譽與惱怒兼有,理由自然相同。

事實上,克魯曼的經濟模型非常清爽而簡單,通常僅靠特定的函數型態假設來進行分析。一般而言,特定函數型態的設定常被質疑不夠一般化,似乎難以處理議題的複雜性。許多訓練有素的經濟學家試圖將克魯曼的模型加以延伸並一般化處理,這當然可以得到一些不同的結果,但通常的情況是,克魯曼所選擇的特定函數型態極為妥適,以至於更為

複雜且一般化的延伸模型，也無法推翻克魯曼模型的核心發現與經濟意涵。也就是說，克魯曼模型的特定假設實已如匕首般直指問題核心，足見他以簡馭繁的功力。

## ◉ 顛覆傳統貿易理論

### ● 古典國際貿易理論的內涵

　　克魯曼在經濟學領域最大的貢獻在於對古典國際貿易理論的顛覆，並由不同觀點詮釋貿易對各國所帶來的利益。古典國際貿易的起源係1819年英國經濟學家李嘉圖（David Ricardo）的比較利益理論，此理論強調貿易可以促進分工，哪怕是條件再差的國家，都可以藉由專業化，生產相對成本較低、較有利的商品，意即國際貿易帶給各國的利益係來自於分工與專業化。

　　古典國際貿易理論在1960年代中期達到高峰。比較利益理論由兩位瑞典經濟學家艾里·賀克紹（Eli Heckscher）與伯提·歐林（Berti Ohlin，歐林在1977年獲諾貝爾經濟學獎）發揚光大，強調各國比較利益的來源在於各國生產要素稟賦的不同，意即貿易的進行可以促使貿易國大量利用國內的豐富要素，更專業化地生產與出口產品，例如勞力相對豐富的國家，會更專業化生產與出口勞力密集產品。他們的模型成為古典貿易理論中著名的Heckscher-Ohlin模型，或稱要素稟賦理論。另一位著名的天才諾貝爾經濟學獎得主薩謬爾森（Paul Samuelson）更將此一理論發揚光大，成為國際貿易理論至今仍顛撲不破的真理，也是國際經濟學教科書中的核心。

　　古典貿易理論顯示的經濟意涵有幾點：首先，最大量貿易應存在於

資源要素稟賦差異最大的國家，例如工業化國家與低度開發國家之間。其次，貿易的開啟會導致一國不同生產要素間的所得分配與利害衝突增大，例如出口資源密集產品同時進口勞力密集產品，就像是將資本出口並進口勞力，將使國內勞動者因面臨競爭而受傷害。最後，一群要素稟賦互補的國家可以藉由建立使貿易更自由的經濟區域（例如自由貿易區或關稅同盟），以及各自生產具有比較利益的不同產品，來提高貿易利得（gains from trade）。

### ● 無法完整詮釋現實的理論

　　古典貿易理論以比較利益理論貫穿古今，氣勢磅礡，嚴謹而優美；但它並非全無缺點，主要在於其假設所有貿易相關的市場，都必須是完美的完全競爭市場才行。在此一假設下，貿易國均會出口具有比較利益的商品、進口不具比較利益的商品，亦即貿易型態必為產業間的貿易。這樣的假設與結論卻愈來愈與現實世界背道而馳。

　　在二次世界大戰後，許多貿易活動在要素秉賦非常相似的國家間進行，例如歐洲共同市場各國間的貿易快速成長，但它們之間的要素秉賦並非互補，而是非常近似；且貿易的擴張並未造成同一國間的生產要素衝突與分配惡化，反而經常是所有要素擁有者皆獲益。此外，貿易活動並未呈現各國依比較利益進行生產與出口的現象，各國究竟會生產哪些產品，愈來愈像是隨機而定；更重要的是，一國在出口某類產品時，也會同時進口性質相近的同類產品，即所謂的「產業內貿易」（intraindustry trade），例如歐洲各國間的汽車貿易。這些現象，完全不是古典貿易理論可以解釋的。

### ●「新貿易理論」誕生

現實世界中，許多產業愈來愈集中化，完全競爭愈來愈不是常態，加上產業內（而非產業間）的貿易日益盛行，因此對於新貿易理論的需求日益殷切。克魯曼在1980年代乘勢而起，將產業經濟學中不完全競爭市場的概念，導入國際貿易理論。此一嘗試極為成功，使得國際貿易理論跳脫自李嘉圖以來的比較利益分析基礎。這所謂的「新貿易理論」，所能詮釋的現象更為務實而多元，也對政府的貿易政策提供了有用的建議。

事實上，克魯曼所使用的經濟概念非但完全不新穎，更是回歸到1776年亞當‧斯密《國富論》一書中最基本的經濟原理：分工與專業化生產可以降低單位生產成本。單位成本的降低意味著廠商可以享有生產的規模經濟──隨著產量愈多，平均每單位產品的成本愈低。然而，在廠商生產具有規模經濟的特性下，市場就不可能產生完全競爭的結果，因為新進廠商的低產量，會使其無法降到足夠低的成本來從事競爭，此時市場結構只可能為獨佔、寡佔、或壟斷性競爭。既然如此，以完全競爭市場為假設的古典貿易理論，便無法處理生產具有規模經濟之下的貿易活動。克魯曼認為依規模經濟特性所產生的壟斷性競爭或寡佔的市場結構，比完全競爭更適合刻劃國際貿易市場的現實，而前述兩種不完全競爭的市場結構，正是形成產業內貿易的主因。

### ● 壟斷性競爭下的兩國貿易

在規模經濟的特性下，若廠商可以自由進出市場，則市場會出現許多生產近似但非完全同質產品的廠商，這即是「錢伯林壟斷性競爭」（Chamberlinian monopolistic competition，由錢伯林於1933年提出）。

## 壟斷性競爭與國際貿易

壟斷性競爭的市場中，其企業數量、產品單位成本和價格間的關係如圖所示：

（1）企業數量與單位成本是同向關係，企業數量愈多，單個企業的產出就愈少，單位成本也愈高（C線）。

（2）企業數量與產品價格是反向關係，企業數量愈多，競爭愈激烈，產品價格就愈低（P線）。

（3）企業數量、產品價格和單位成本的關係是，當價格高於單位成本時（存在壟斷利潤），就會有新企業進入市場，企業數量增加；當價格低於單位成本時（企業虧損），現有企業會退出市場，企業數量減少（最後平衡點E為C線與P線的交點）。國際貿易能夠擴大市場規模，同時也可從別國購買自己不生產的產品來擴大商品種類。假定市場上的企業數量不變，開展國際貿易後，壟斷性競爭企業要生產更多產品以供出口，隨著產量的擴大，企業的單位成本下降，即圖中由C1線向右移動到C2線的位置；由於P線與市場規模無關，國際貿易不會影響它的位置。此情況下，一方面壟斷性競爭市場上的企業數量增加到N2，另一方面，由於企業數量增加使競爭更加激烈，壟斷競爭市場上的價格水平降低到P2。因此，壟斷性競爭企業開展國際貿易的結果是，商品價格下降，增加了消費者福利，同時消費者可選擇的商品種類增加，福利亦因此提高。

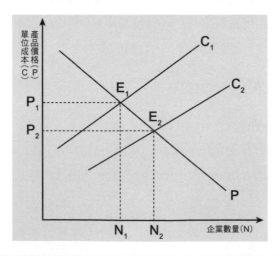

當這類市場的需求擴張時，會帶來兩種效果，一是廠商數目的增加，這使得消費者有更多種類的產品可供選擇，提高了消費者的效用；二是個別廠商的規模擴大、產量增加，並藉由規模經濟，使得產品的單位成本降低。

克魯曼的貿易模型假設了這種壟斷性競爭市場結構，並假設此一產業生產規模的擴大，不會改變各種要素投入的比例（也因此不會產生要素間的分配衝突），其他產業部門，則假設為傳統具有固定規模報酬特性的完全競爭市場（也因此不會造成產業間的資源排擠效果）。當兩國開始貿易時，產業間的貿易仍會依循Heckscher-Ohlin模型的要素秉賦差異原理來進行，但在壟斷性競爭產業，貿易的開啟等於廠商面對的市場擴大，不但上述消費者的選擇更多樣化、單位生產成本降低，兩國廠商亦均可以向對方出口同類商品，雙向產業內貿易於是發生。如果兩國正好擁有相同的要素秉賦，則產業間貿易不會發生，所有的貿易皆為產業內貿易。

在古典貿易模型對於實際貿易現象的解釋能力日趨薄弱之際，克魯曼的貿易模型更精確地刻畫了貿易發展的趨勢與實際現象。克魯曼認為，在同一產業內的貿易，可以使各國的分工更為精緻，而更精緻的分工，得以使規模經濟的效果更為彰顯，使得生產商品的平均成本降低，這是一種不同於古典貿易理論的、新的貿易利得。此外，由於產業內貿易可以降低生產成本，同樣的資源便可生產更多不同種類的商品，為消費者帶來多樣化的效用，這又是另外一種不同於古典貿易理論的貿易利得。再者，古典貿易理論認為，（產業間）貿易會隨著國家間要素秉賦的差異擴大而增加；克魯曼貿易模型則認為，要素秉賦愈是相近的國家，愈容易產生（產業內）貿易。最後，在克魯曼貿易模型中，產品單位成本降低

與隨之而來的價格降低,對於所有要素擁有者而言,皆為貿易利益,此一利益足以克服特定要素在產業間貿易中,因要素秉賦差異所帶來的所得惡化。

簡而言之,克魯曼的貿易模型中,沒有任何要素擁有者會因貿易而受到傷害,正如統合後歐洲人民所得的全面提高。這與古典貿易理論的結論有很大的不同。以此推測,在北美自由貿易區中,美國與加拿大的要素秉賦相近,均屬資本豐富國,因此產業內貿易的比重會愈高,比較不會引起兩國內特定階層人民的異議;反之,美國與墨西哥間要素秉賦的差異甚大,將會有較高比重的產業間貿易,貿易自由化也就容易引起兩國內特定階層人民的反對。由以上的說明,我們可以見到,克魯曼的貿易模型相當程度彌補了古典貿易模型的不足。

## ● 寡佔市場下的兩國貿易

克魯曼藉由上述壟斷性競爭的貿易模型,已為新貿易理論提供了饒富趣味的內容與基礎。而在其後的研究中,克魯曼與另一位新貿易理論的大師詹姆斯·布蘭德(James Brander),就寡佔的市場結構,提出架構更為簡單、結論卻更為驚人的發現。

在一個兩國貿易模型中,假設原本各自存在一家獨佔廠商,兩廠商甚且生產完全同質的產品。一旦開啟貿易,某一廠商當會發現應該出口到另一國,以分食市場並搶佔利潤。另一國廠商自然也會如是盤算。其結果當然是毫無爭議的雙向產業內貿易,每一國市場上均由此二廠商相互競爭,市場銷售量因雙佔而增加,價格當然也因為競爭而降低。兩廠商是唯一的受害者,它們的利潤因為競爭而減少。兩國的福利則因為價格更貼近生產成本而提高。這樣簡單的模型與結果,只要稍微受過產業

經濟學訓練者，甚至可以不需經由數學，依簡單邏輯即可推得。舊時致力於古典貿易理論研究的學者，看到這樣的模型，應該也會瞠目結舌吧。

在這個極度簡單的貿易模型中，貿易利得的來源，迥異於古典貿易理論中來自於比較利益的貿易利得，也大異於前述壟斷性競爭模型中，來自於消費多樣化與成本降低的貿易利得。此時由於兩國的要素秉賦可能相同或相異，因此貿易的發生與要素秉賦無關；規模經濟亦非重點，因為兩國廠商的平均每單位生產成本可能一直維持不變，沒有規模經濟的現象。也就是說，即使兩國間沒有要素秉賦差異所帶來的比較利益，生產也沒有規模經濟的現象，甚至兩國生產的產品毫無差異，貿易仍然會發生，仍然可以為兩國皆帶來好處！

產業內貿易的現象，不僅可由產品具差異性的壟斷性競爭模型來解釋，即使產品同質的寡佔市場也可導致產業內貿易發生。此時啟動貿易的鎖鑰，僅是非完全競爭的市場結構，廠商追逐利潤的競爭本能，即足以讓貿易發生。兩國相互出口完全無差異的商品看似怪異，卻正是市場競爭的必然。在不完全競爭的市場結構中，貿易利得的來源在於貿易帶來的競爭效果，競爭使得價格貼近成本，產量更趨擴張，福利自然提高。

嚴格來說，克魯曼的貿易模型，並不是推翻古典貿易理論而建立的新典範，而是與古典貿易理論並存。他的貿易模型為產業間貿易與產業內貿易並存的普遍現象，提供了新的解釋，調和了舊的與新的貿易觀點。

## ● 政府應該介入市場？

克魯曼的研究，在政府政策層面也饒富意涵。古典貿易理論在完全競爭市場的假設下，政府若以貿易政策或產業政策干預貿易的進行，通常只會有害而不會獲益。當克魯曼指出壟斷性競爭或寡佔等非完全競爭

的市場結構，也可能是貿易發生的原因後，政府政策隨即得到施展的空間。這是因為不完全競爭的市場結構，本來就會造成扭曲，使得市場效率與福利降低，政府原本應該適當介入以矯正扭曲、提高福利，在不完全競爭的貿易市場中更不待言。貿易國政府的最佳政策，很可能不再是自由貿易，而是尋找使福利提高的貿易政策或產業政策。這也造就了探討諸如最適關稅或補貼等貿易政策的大量文獻。

克魯曼貿易模型的數學非常簡單，遠不及一般主流經濟學論文中數學使用的繁複；他的模型更存在非常多一般經濟學家會認為過度簡化的假設與特定函數型態。然而，克魯曼貿易模型解釋現實現象的能力卻非常強，是許多馭使龐雜數學的經濟學家難以望其項背的。平心而論，克魯曼並非唯一看到新貿易理論發展趨勢的經濟學家！1980年代有許多知名經濟學家，也從事與克魯曼類似的努力，亦頗有成果，但克魯曼彰顯其研究成果的功力似乎略高一籌。克魯曼看到既有理論的窘迫、抓到理論需求的趨勢、利用最簡單的數學，進而為國際貿易理論開展了新的面向，引領許多經濟學者展開更深更廣的延伸研究，這正是他的厲害之處。

## ● 跨足國際金融領域

除了國際貿易之外，克魯曼在國際金融領域，也有頗為重要的貢獻，但當然不及其在貿易領域的顛覆性創新。事實上，少有學者可以跨越國際貿易理論（屬於個體經濟學）與國際金融（屬於總體經濟學）間的鴻溝，並兼有優異表現者，克魯曼算是其一。他在國際金融領域最重要的貢獻，在於提出「匯率目標區」（exchange rate target zones）的設定，對於穩定實質經濟的重要性。

在1970年代初期，布列敦森林體制（Bretton Woods system）所規

範的全球固定匯率制度，因為容易傳遞通貨膨脹現象而逐漸瓦解之後，經濟學家寄望藉由實施浮動匯率，來隔絕其他國家經濟變動對一國經濟所造成的干擾，並可因此採取更穩定的財政或貨幣政策。然而，匯率波動的劇烈遠出於經濟學家的預期。劇烈的匯率波動也使得廠商從事貿易的風險提高，嚴重影響貿易與生產的進行，於是重回固定匯率的倡議再起。浮動匯率制度與固定匯率制度各有其優缺點與支持者，辯論時起。將匯率固定在某一彈性區間的「匯率目標區」概念應運而生，最早由約翰·威廉姆森（John Williamson）於1983年提出。「匯率目標區」的概念仍不脫固定匯率的性質，因此許多經濟學家擔心，仍會步入先前固定匯率制度提供投機客攻擊機會，因而導致制度崩潰的泥沼。

　　克魯曼則大力鼓吹「匯率目標區」的概念，認為這是穩定經濟的有效作法。只要政府建立可信的匯率目標區，則一旦匯率上升至接近上界時，民眾即因預期匯率會開始回降，而開始持有本國通貨，如此匯率便會真的開始回降。所以，「匯率目標區」提供了一個有彈性但穩定的匯率，且具有自我安定機能，不需擔心匯率的大幅波動，進而使實質生產與貿易得以順利進行。現今「匯率目標區」已成為許多國家採行的作法。

## ● 結語

　　克魯曼著作等身，自有其他學術上的貢獻與成就。囿於篇幅，只能就最重要的部分加以介紹。最後，值得一提的是，克魯曼與另一位經濟學家莫里斯·奧布斯菲（Maurice Obstfeld）所合著的大學部國際經濟學教科書，在此一市場中也算是熱門的版本（由此也可知克魯曼自我耕耘方向之多元），直至2008年已出版至第八版。從這本書的內容可以再度看出，克魯曼從未否定古典國際貿易理論的基礎性與重要性，他頂多認為

克魯曼著作等身,他的文筆優美又有創意,被評為「足以媲美日本的俳句、狄金森的詩和馬蒂斯的油畫」。(先覺出版社提供)

他所提出的理論,可補充古典貿易理論之不足,使得國際貿易理論更為廣博多元。雖然如此,這正是他對國際貿易理論乃至於經濟學最大的貢獻。

　　克魯曼曾經因為準確預測1997年亞洲金融風暴而聲名大噪,2008年他獲頒諾貝爾經濟學獎,又正值金融海嘯席捲全球,不知是刻意還是巧合?全球正面對1929年經濟大蕭條以來最嚴重的衝擊。1929年的經濟大蕭條造就了凱因斯(John Maynard Keynes)的功業,正所謂時勢造英雄。克魯曼的許多主張或仍有爭議,他有無可能成為另一世代的凱因斯,我們可以拭目以待。

**參考資料**

1. Krugman, P., Scale economies, product differentiation, and the pattern of trade, *American Economic Review*, vol. 70: 950-959, 1980.

2. Krugman, P., Increasing returns, monopolistic competition, and international trade, *Journal of International Economics*, vol. 9: 469-479, 1979.

3. Krugman, P. and Brander, J., A reciprocal dumping model of international trade, *Journal of International Economics*, vol. 15: 313-321, 1983.

4. Krugman, P., Intraindustry specialization and the gains from trade, *Journal of Political Economy*, vol. 91: 959-973, 1981.

5. Krugman, P., Target zones and exchange rate dynamics, *Quarterly Journal of Economics*, vol. 106: 669-682, 1991.

6. Krugman, P., Increasing returns and economic geography, *Journal of Political Economy*, vol. 99: 483-499, 1991.

邱俊榮：時任教於中央大學經濟學系

# 2009

# 公共財管理、
# 企業交易內在化理論廣泛適用

文｜黃達業

兩位經濟學家分別以公共財管理，以及企業交易內在化理論，
對過去與未來的困境提出見解，共同獲得今年的諾貝爾經濟學獎。

埃莉諾・歐斯卓姆
Elinor Ostrom
美國
美國印第安那大學
（圖／美國印第安那大學提供）

奧利弗・威廉森
Oliver Williamson
美國
美國加州大學柏克萊分校
（圖／美國加州大學提供）

今年諾貝爾經濟學獎由兩位美國的經濟學家共同獲得，其中埃莉諾・歐斯卓姆（Elinor Ostrom）研究自然資源（包括森林、漁場、油田、大草原及灌溉系統等具公共財特徵者）的管理，奧利弗・威廉森（Oliver Williamson）的研究說明何以企業規模會愈來愈龐大的問題。其共通之處在於，他們的理論都證明了經濟理論不僅適用於市場機制，而且對任何體系化單位也都能有所解釋，因此可應用在各種社會組織，這也是諾貝爾委員會頒獎給他們最主要的理由。

回顧過去諾貝爾經濟學獎得主的研究範疇，制度研究繼1991年寇斯（Ronald Coase）與1993年諾斯（Douglass North）之後，歐斯卓姆與威廉森再度地成為新制度學派的得獎者。然而由於該領域非為經濟學的主流，世人對這兩位學者為何獲獎，且在學術上對於經濟學或社會科學又有何貢獻與啟示更感好奇。一般認為兩位的研究成果正開啟反省金融危機新思路，同時也凸顯純自由市場法則崩解時，市場對經濟穩定的渴求。

## ◎ 歐斯卓姆──以經濟學的角度思考公共政策

歐斯卓姆不僅是諾貝爾經濟學獎有史以來第一次授獎的女性學者，也是第一位獲得此獎的政治經濟學者。1933年歐斯卓姆出生於美國，1965年獲得美國加州大學洛杉磯分校政治學博士。1966年後始任教於印第安那大學。同時從1973年開始，她擔任政治理論和政策分析研討會的合作主任，1984年起兼任公共與環境事務學院教授，而且是美國亞歷桑那州立大學制度多樣性研究中心的創建者。1991年，歐斯卓姆當選為美國藝術與科學院院士，2001年又當選為美國國家科學院的院士。

歐斯卓姆現任印第安那大學政治學教授兼政治理論和政策分析中心主任。在政治相關領域的社團中，她曾擔任過公共選擇學會、美國中西

部政治學協會和公有產權研究協會主席、美國政治學協會主席,也是美國哲學學會、政治學和生命科學協會的成員。歐斯卓姆曾服務於美國國家科學基金會、警察長官國際協會、法律實施協助管理局、美國行政科學院、刑事司法準則與目標國家顧問委員會、國家州長協會和校際政治與社會研究方法聯合會。同時,她也曾投入過許多刊物編輯的工作,例如:《美國政治學評論》(*American Political Science Review*)、《美國政治學雜誌》(*American Journal of Political Science*)、《理論政治學雜誌》(*Journal of Theoretical Politics*)、《制度經濟學雜誌》(*Journal of Institutional Economics*)、《社會科學季刊》(*Social Science Quarterly*)等,尤其是於1990年代出版了影響世人深的《公共事務治理》(*Governing the Commons: The Evolution of Institutions for Collective Action*)一書。身為美國公共選擇學派創始者之一的歐斯卓姆,在政治學、政治經濟學、行政學、公共政策、發展研究等領域上享有很高的聲譽,其重要著作包括有《美國公共行政的思想危機》(*The IntellectualCrisis Public Administration*)與《複合共和制的政治理論》(*The Political Theory of a Compound Republic*)。

而她首創的政治理論與政策分析研究所,已經公認為美國公共選擇的三大學派之一,其研究主要集中在分析公共事務,尤其在公共資源與發展的多中心制度基礎研究上,例如警察服務、公共池塘資源的自主治理問題。是故歐斯卓姆所要挑戰的,是世人為妥善管理共有財產必將其國有化的觀念,以及思考該如何在歧異的利益考量之下,達成資源分配的最佳化。歐斯卓姆研究法還以公共選擇與制度分析理論為主,對發展中國家的政策諮詢作出重大貢獻。

## ◎ 威廉森──企業組織的內在經濟因素

另一位在經濟學界以研究市場與組織治理而享譽的獲獎人威廉森，
是管理學與社會學的大師。威廉森針對如市場、組織等不同組織形態，
提供了相關組織管理的理論。威廉森1932年出生在美國，於1958年獲得
史丹佛大學工商管理的市場學哲學博士、1960年獲得史丹佛大學的工商
管理碩士、1963年獲得卡內基美隆大學經濟學哲學博士。

由於威廉森在不同科學的跨領域研究獲得非凡的成就，1983年被
聘任為美國耶魯大學組織與管理學院的院長。他不僅使高斯的交易費用
學說，成為現在經濟學中異軍突起的一派，在組織理論、法學、經濟學
等研究的創新，更使它逐漸成為當代經濟學的一個新分支。另外，他透
過《貝爾》(*Bell Journal of Economics*)與《法律、經濟學和組織》(*The
Journal of Law, Economics, & Organization*)這兩本刊物，作為發揚學術
的重要刊物，其在威廉森學術生涯上扮演相當重要的角色。

## ◎ 市場與企業的相互替代機制基

於1935年約翰‧康芒斯(John Commons)在《制度經濟學》(*Insti-
tutional Economics*)一書中的「交易」概念，威廉森鎖定1937年寇斯發
表的《企業性質》(*The Nature of the Firm*)作深入研究，該書中指出企
業的存在是為了節約交易費用，即以較低的企業內交易代替費用較高的
市場交易。威廉森在研究市場和企業間相互替代的制度問題方面，匯總
前人研究成果，並將其研究架構建立在以交易為基礎單位的制度分析上，
利用具體經濟學分析來解釋不同形式組織的交易費用。當交易費用為零
時，透過市場交易即可達到資源的最佳配置。因此威廉森的重要貢獻即

在具體分析市場交易成本在何種情況下會提高。

威廉森對經濟分析中關於人的行為特徵的基本假設,作了新的界定:經濟體中的個人總是盡最大能力以保護和增加自己的利益,且除了利己還不惜損人,所以經濟體中的人都是自私的,威廉森並將此「本性」稱之為「機會主義」。由於上述因素在市場交易中會交互影響,從而進一步提高市場交易費用,因此解決該現象的方法之一,係透過企業之間的合併,意即將資源配置過程,由交易過程複雜且會進而導致市場交易成本增加,轉變為企業內部的資源配置過程,即所謂「內在化」,從而降低交易費用。所以,若要了解交易過程是否適合採用市場機制,係依據具體的交易物件和交易過程特點來分析市場交易費用的高低。

## ● 企業組織與交易技術的分析

威廉森認為企業內部組織擁有的三項特點,分別為:激勵、控制和所謂「內在結構的優勢」,是讓企業內部組織成為足以替代市場的重要特性。威廉森認為組織相對於市場,具有更豐富的控制手段和較多的靈敏度,因而可提升對集團內部各企業之間的資源配置效果。也就是,企業內部組織在運作過程中,實現了功能化作用,將有利組織內資訊傳輸效率和資訊成本的降低。因此,廠商為了降低資訊成本而採行交易的內部化,意即企業合併。威廉森在成功分析企業合併對市場的替代後,進而研究經濟組織與交易技術結構的相容與不相容問題。

## ● 反省當下處境

總之,今年諾貝爾經濟學獎頒給美國的歐斯卓姆與威廉森兩位在政治經濟學領域成就斐然的教授。歐斯卓姆在尋找公共財管理的最佳化,

其中所隱含的，是對於社會生態系統的永續發展，建構一套分析的一般
架構，將有助於不同利益團體制定防止全球暖化政策；此外，威廉森的
獲獎，不僅止以全球信用危機事件作為納入考量的因素，更是因其針對
組織行為卓越的研究成果。

如此看來，今年諾貝爾經濟學獎固然著重在如何防止未來全球暖化
的發生，但不言自明的，也暗示著過去一年來金融海嘯對全球經濟所帶
來的巨大傷痛。因此，檢討過去、策勵將來，就成為今年諾貝爾經濟學
獎頒獎的重要考量。

## ◉ 實踐自然資源的管理

作為全球研究公共財的權威，歐斯卓姆的研究特別強調如何藉著人
類與生態系統間的互動，來提供生生不息的資源使用。因此，對於像森
林、漁場、油田、大草原及灌溉系統等具有公共財特徵的自然資源，便
必須借用多元制度性的安排，來防止生態系統的崩潰。

所以我們也可以說，其研究特別強調人類與生態系統互動的多面本
質，反對任何藉由單方面努力來試圖解決個別社會生態系統問題的作法。
她認為，人類過去即使對生態維護成果輝煌，但也必須對近年來無數生
態系統崩潰的發生負起全責。

此外，在其研究中還特別強調，當人口成長快速而自然資源系統再
生緩慢時，自然資源的使用者，可能因不了解資源的負載能量而任意揮
霍資源，以至摧毀資源。因此，她呼籲所有非政府組織、國際救助機構，
或如歐盟等的統治機關，在作政策決定時必須隨時注意投入時間與精力
關鍵的時間點，來避免發生「公共財的悲劇」。為了提供研究人員及政策
決定者一個有效的指導綱領，歐斯卓姆與她的同事經過數十年來的努力，

圖一　2009年4月2日G20於英國倫敦港口區的ExCel國際會展中心舉行。會議的主題
是討論如何合作應對百年一遇的金融危機。其中主要的一項議事日程是遏制保護主義，
為解決世界經濟危機而籌畫方案。

發展出一套能針對都會及環境政策問題進行研究的制度分析與發展架構。

## ◉ 金融高峰會印證組織對市場的代替

　　至於以研究反托拉斯、管制經濟學以及交易成本經濟學著稱的威廉
森，也努力結合經濟學、法律與組織理論，來研究複雜契約以及經濟組
織。將他的理論應用到全球金融海嘯的因應對策上，確實是個饒富意涵
的結果。在金融海嘯期間，包括美國在內的世界各國政府，莫不採行降
息、救金融、救企業的政策，然而，在各自為政卻不見效果的情況之下，
終於促成了G20全球金融高峰會議的誕生（圖一）。正當美國因引發全球
金融風暴，預期世界各國究責而避談金融監理之際，歐盟、英國、中國各

國又各有盤算，舉世均不看好G20能夠落實。然而，在各國元首都背負本國人民救經濟、救金融的重大包袱，必須放下個體「機會主義」，而採取「內在化」的組織行動尋求解決方案，所幸能捐棄成見，共同召開G20高峰會來研商政策，故最後終於促成眾多共識，致使金融海嘯在肆虐全球一年後接近尾聲。

## ◉ 結語

不論歐斯卓姆與威廉森的獲獎，是否著眼於金融海嘯事件，抑或對全球暖化議題的重視，各國政府未來如何共同防止進一步的全球暖化效應，就是今後的重要決策課題，而同樣的，如何達成適切的資源管理或是全球共識，便是我們必須深思的。

甫遭受八八水災重創的台灣，是否也應多強調大自然資源復育的重要性，避免永久性的國土摧毀，無疑也是政府當局所應深思熟慮的。台灣作為一個自由民主的國家，執政者是透過選民投票產生，至於決策者是政治家還是政客，如何達成有利的公共選擇，也在在考驗台灣公共政策的成熟度。

黃達業：時任教於台灣大學財務金融系

# 2010

## 解釋勞動市場的配對

文｜唐震宏

今年的諾貝爾經濟學獎頒給了彼得・戴蒙德（Peter Diamond）、
戴爾・摩坦森（Dale Mortensen）以及
克里斯托福・皮薩瑞德（Christopher Pissarides）三人，
主要的理由是表彰他們在搜尋理論及勞動市場研究的卓越貢獻。

彼得・戴蒙德
Peter Diamond
美國
麻省理工學院
（圖／戴蒙德提供）

戴爾・摩坦森
Dale Mortensen
美國
美國西北大學
（圖／奧胡斯大學提供）

克里斯托福・皮薩瑞德
Christopher Pissarides
塞浦路斯、英國
英國倫敦經濟學院
（圖／英國倫敦經濟學院提供）

戴蒙德於1940年出生於美國，1963年取得麻省理工學院博士學位，之後於柏克萊大學任教，1966年返回母校任教至今。他的研究領域相當廣泛，包括總體經濟、公共經濟及勞動經濟等，而且均留有傳世之作，是經濟學界的重量級學者，前聯準會主席柏南克（Ben Beranke）是其學生。此外，他對社會安全政策（social security policy）的研究著力甚深，在80～90年代期間是美國的社會安全諮詢委員會顧問。

戴蒙德成名甚早，早在1968年便獲選為美國計量學會（Econometric Society）會員，於1978年入選美國藝術與科學學院（American Academy of Arts and Sciences）會員，而且在1984年成為美國國家科學院（National Academy of Sciences）院士。過去二十年間，他得諾貝爾獎的呼聲一直不斷，直到今年終於成真。

摩坦森於1939年出生於美國，於1967年取得卡內基美濃大學（Carnegie-Mellon University）博士學位，並自1965年起任教於美國西北大學（Northwestern University）迄今。他的學術研究領域橫跨勞動經濟、總體經濟與數理經濟，尤其在搜尋模型的建立，以及失業現象、失業保險、工資分布等議題的研究，特別為學界所熟知。他也是美國計量學會以及藝術與科學學院會員。

皮薩瑞德於1948年出生於塞浦路斯，具有塞浦路斯及英國雙重國籍。他於1973年取得英國倫敦經濟學院（London School of Economics）博士學位，並於1976年回到母校任教至今，之前則曾在南漢普敦大學（University of Southhamton）任職三年。與前兩位學者相較，他的研究顯得相當專一，其著作大多是應用搜尋模型來研究勞動市場的相關議題。其經典著作《均衡失業理論》（*Equilibrium Unemployment Theory*）目前已成為研究勞動市場和搜尋理論的指定讀物之一，可謂其學術思想的精

華。他在得諾貝爾獎之前,所獲得的榮譽包括美國計量學會以及不列顛學會(British Academy)會員等。

三人雖因搜尋理論而共同獲獎,但戴蒙德早期的研究是以疊代模型(overlapping generations model)以及最適稅率(optimal taxation)著稱,至1980年左右才開始發表搜尋理論的論文,而摩坦森及皮薩瑞德也大約是在同時期各自發表搜尋理論以及勞動市場的論文。到了1990年左右,摩、皮二人開始有密切的合作,合著許多重要的論文。

## ◉ 搜尋理論

### ● 交易的搜尋摩擦

我們的社會裡,任何時刻均有無數的經濟交易活動在進行,交易的主要目的無非是為了交易的雙方能互通有無。然而,由於個人所握有的資訊並不完全,交易的進行往往不免搜尋的過程,以便能在茫茫人海中找到「有我所需」以及「需我所有」的人。勞動市場是最典型的例子,不論是勞工求職或是雇主徵才,雙方均需藉由散發履歷、刊登廣告、面談、測驗等方式,來蒐集資訊,了解對方。唯有如此,雇主方能找到所需的人才,而求職者得以找到適才適所的工作。

如果世上有個全知全能的「社會總計畫師」來主導所有的交易,那麼由於他無所不知,握有世間所有的資訊,可以將條件最合適的人撮合在一起,交易自然可以順暢地完成。可是這種烏托邦的情節並不存在,在現實社會中,人們為了搜尋,往往需要花費時間與物質上的成本,這便是所謂的「搜尋摩擦」(search friction),為交易成本之一。

## ● 早期的搜尋理論

　　早期的搜尋理論為了簡化分析，研究的重點在於分析搜尋者在面對可能的交易條件時，何時應接受而何時又應拒絕。例如，勞動市場的求職者如果得到Ａ公司的工作機會，他應該選擇接受Ａ公司所開出的薪資條件呢？還是應該婉拒而繼續在勞動市場上搜尋，等待Ｂ公司的工作機會呢？這類的搜尋理論模型忽略了雇主搜尋人才的行為，也沒解釋求職者為何會接收到Ａ、Ｂ、……等公司的工作機會？因此，較完整的理論應需同時強調勞工和雇主雙邊的搜尋行為。今年三位得主自80年代以來建立的模型，便是屬於此類「雙邊搜尋」模型的範疇。

## ● DMP模型

　　「戴蒙德－摩坦森－皮薩瑞德」模型，簡稱DMP模型（取三人姓名之頭文字），最大的特色是假設勞動市場上同時有求職者及徵才者在搜尋適合的合作夥伴，就好像是雙方在進行配對，而配對成功數可用一個「配對函數」來表示。詳言之，如果令Ｕ代表求職人數，而Ｖ代表工作空缺，則配對成功的數目將是m（U, V），其中m（‧）便是配對函數。配對函數代表著市場的「配對技術」（matching technology），是經濟學家用以簡化分析的工具。由於人類搜尋及配對的決策過程往往相當複雜，若要以數學模型加以刻畫，恐非易事。於是經濟學家在此僅以一簡單的配對函數來描述勞動市場上配對的結果，而將配對的過程隱藏於函數的背後。例如，假設配對函數為：

$$m(U, V) = \frac{1}{2}\sqrt{U \times V} \quad [1]$$

若現在求職人數為40萬人,而工作職缺為90萬個,則可令 U = 4, V = 9(單位為10萬),代入配對函數可得市場上成功配對的數目為:

$$m(4,9) = \frac{1}{2}\sqrt{4 \times 9} = 3$$

亦即,將有30萬人找到工作或是有30萬個職缺被填補。由於不可能所有的求職者均找到工作,也不可能所有的職缺均得到填補,所以社會上失業者及待填補的職缺始終是並存的。如在本例中,找不到工作的求職者有10萬人,而未填補的職缺則有60萬個。

除了解釋勞動市場上的配對,DMP模型也可用以解釋其他的搜尋行為。例如,若令U代表尋找房屋的人數,而V代表待售的空屋數,則配對函數便可用以解釋房屋市場上,買賣雙方成功配對的情形。如果將U和V改成男性和女性的人數,DMP模型也可以用來解釋在婚姻市場上,男女配對的行為。不過,DMP模型最主要的應用還是在勞動市場。

## ● 失業理論

在DMP模型裡,如果我們不考慮勞工退出勞動市場的情形,勞工都

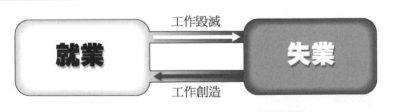

圖一　就業狀態與工作流動。(白淑麗繪製)

是在「就業」與「失業」兩種狀態間移動[1]。藉由「工作流動」（job flows）的概念，我們可以更進一步建立起失業的動態理論。所謂工作流動，包括「工作創造」與「工作毀滅」。工作創造代表著勞工因搜尋成功而進入就業狀態；而工作毀滅則表示勞工因某種原因而與雇主拆夥，離開現職而成為失業狀態。現代工業經濟社會裡，總是不斷地有工作毀滅以及工作創造同時發生，就好像是在「就業」與「失業」兩個水槽間流動，所以這個模型也稱為失業的流量模型。

這個模型可以表示於圖一，而失業的變動可以用下式進一步說明：

**失業人數的增加＝失去工作的人數－勞動市場上經搜尋而配對成功的人數**

例如，假設去年就業人數是500萬，今年在勞動市場上成功配對的人數是30萬人，而今年失去工作（可能是基於被解雇、自願離職等原因）的人數是50萬人，代入上式便可得知，今年失業人口相較於去年應增加20萬，就業人數則應減少20萬而成為480萬。

由以上可知，失業源自於工作毀滅超出工作創造，是工作流動的淨值。但在失業數字的背後，則是數字更為龐大的工作流動。這些工作流動可能造成許多人的工作轉換或是企業重組，用比較概括性的說法，便是生產資源的重新配置。這些生產資源的調整所具有的經濟意涵，是無法由失業率這個簡單的統計數字得知，而是必須要對工作流動直接加以研究才能了解。

美國芝加哥大學的戴維斯（Steven J. Davis）以及馬里蘭大學的郝廷溫傑（John Haltiwanger）兩位教授的實證研究指出，工作創造與工作

---

1　經濟學上的就業者是指目前有工作者。失業者是指目前沒有工作，但正積極尋找工作者。勞工退出市場是指勞工因退休、失去工作意願等因素不再工作，但也不再尋找新職。

毀滅呈負相關——景氣繁榮時，工作創造增加，工作毀滅減少；反之亦然，而且工作毀滅在景氣循環中的波動幅度往往較工作創造來得更大。摩坦森與皮薩瑞德於1994年在《經濟研究評論》（*The Review of economic studies*）共同發表的經典論文，便是將工作創造與工作毀滅同時納入搜尋模型，對戴、郝二位學者的實證發現賦予豐富的經濟解釋，為總體經濟學開啟了新頁。

## ◉ 對政策的啟示

　　為了對付失業問題，學界或勞工團體曾提議各式的政策，其中有一部分曾經或正在某些國家實施。有些政策是希望促進工作創造，例如給予雇主聘任勞工的補貼。而有些政策則是希望抑制工作毀滅，例如企業須對遭解聘的勞工給予離職金等規定。工作流動也許會為勞資雙方帶來生涯的轉變、家庭的遷徙、企業的重整等成本，但從另一個角度來看，如果勞工與雇主雙方因了解而分離，然後各自尋找對的人，反而符合經濟效率，也並非全然是壞事。所以政府應審慎評估勞動市場政策對於工作流動的干預。

　　例如經濟學家普遍認為，若以西歐與美國相比，歐洲各國的勞動市場對勞工保護較多，對工作毀滅的管制也較多，導致資方在雇用員工時會有「請神容易送神難」的憂慮，資方過於謹慎的結果反而不利工作創造。再者，歐洲的失業福利較佳，導致失業勞工寧願領救濟金，而搜尋新職的意願較低。這些制度上的差異，可能便是導致歐洲各國長期高失業率的主因。也有不少學者認為，歐洲的勞動市場制度僵固，可能是導致歐洲各國在景氣衰退時，勞動市場反應僵化、總體經濟復甦緩慢的主因。反觀美國，由於勞動市場管制較少，勞動力調整較有彈性，生產資

源的重新配置較為迅速,所以景氣復甦的速度往往較快。這對各國政府在制定勞動政策時,應該有所啟示。

## ● 結語

DMP模型發展至今將近三十年,已在經濟學界產生深遠的影響,而且仍在不斷地修正與演變中。尤其是芝加哥大學教授夏默(Robert Shimer)在2005年的《美國經濟評論》(*The American Economic Review*)為文指出,若利用DMP模型進行電腦模擬實驗,所得的結果並無法正確捕捉失業與職缺在景氣循環中的波動幅度,表示DMP模型對現實社會的失業現象解釋能力有限,這便是所謂的「夏默難題」(Shimer Puzzle)。

面對這個不小的挑戰,摩坦森認為在原有模型中加入勞工的「在職求職」行為(也就是騎驢找馬,已經有工作了,還要再搜尋更好的工作),可以讓模型更符合現實社會,也可以解決夏默難題。其他學者包括夏默在內,則提出了不同的修正意見。

雖然挑戰不斷,但DMP模型不但未被淘汰,反而經過不斷修正而更趨完善。這正是科學家相互挑戰與進行腦力激盪下,科學得以不斷進步的最佳佐證。相信在未來更長的一段時間內,DMP模型仍會是經濟學家用以分析失業問題的主要工具之一,也會讓這三位學者的卓越貢獻更為人所知。

唐震宏:時任教於清華大學經濟學系

# 理性預期學派
# 評估減稅與降息的效果

文 ｜ 廖珮如

兩位精研總體經濟的學者，分別提出評估經濟政策的計量方法，
共享今年諾貝爾經濟學獎的殊榮。

湯瑪斯・薩金特
Thomas J. Sargent
美國
美國紐約大學
（圖／普林斯頓大學提供）

克里斯托福・席姆斯
Christopher A. Sims
美國
美國普林斯頓大學
（圖／普林斯頓大學提供）

在景氣跌入谷底時「政府推出減稅方案以刺激景氣復甦」，當經濟過熱時「央行提高利率以抑制過熱景氣」。以上兩經濟政策在報章雜誌中，均屬常見的報導。但是，提高利率或減稅將如何影響國內產出？如何改變通貨膨脹率？政府如何評估一項經濟政策對各種總體經濟變數（如國內產出、通貨膨脹率、就業和投資等）和實質經濟的影響？經濟政策影響有多強、能持續多久？湯瑪斯‧薩金特（Thomas J. Sargent）和克里斯托福‧席姆斯（Christopher A. Sims），即是針對上述問題提出研究方法，並將理性預期的概念引入總體計量分析，而獲得2011年諾貝爾經濟學獎的榮耀。

薩金特於1968年獲得哈佛大學博士學位，曾任教於賓州大學、明尼蘇達大學和芝加哥大學等美國著名學府，目前執教於紐約大學。其學術專長為動態總體經濟學和計量經濟學。曾任2005年美國計量經濟學學會主席和2007年美國經濟學協會主席。在1970年代初期，薩金特與他當時的同事們一起開創「理性預期學派」，在總體經濟模型和計量分析中導入理性預期的概念，對新古典總體經濟學派的發展有重要的貢獻。而薩金特的主要著作，如《動態總體經濟理論》（*Dynamic Macroeconomic Theory*）和《遞迴總體經濟理論》（*Recursive Macroeconomic Theory*）早已是經濟系研究生必讀的總體經濟學教材。

席姆斯同樣於1968年自哈佛大學取得博士學位，曾任教於哈佛大學、明尼蘇達大學和耶魯大學，之後便一直擔任普林斯頓大學經濟系教授。曾任1995年美國計量經濟學學會主席，並為今年美國經濟學協會的副主席。他的主要研究興趣為動態計量理論模型和總體經濟理論與政策。有鑑於1970年代主流總體計量分析方法上的缺陷，席姆斯創立了向量自迴歸模型（vector autoregression model, VAR），並應用於分析非預期性的經濟政策對實質經濟的影響。此分析方法後來被延伸推廣到許多方面，

至今仍為計量經濟學家和政策制定者的主要分析工具。

## ● 薩金特──結構性模型

什麼是理性預期？假設今天政府推出一項經濟政策，所謂理性預期，指的是決策者（如個人、家庭和企業等）今天在做決策時，不只考慮此經濟政策本身，也會考慮此政策的效果和對未來的影響。因此，當央行決定透過降息的手段來刺激經濟和解決失業問題時，理性預期的個人會預想到未來將產生通貨膨脹，進而要求提高工資，此舉將把物價推升至更高的水準，甚至可能造成更嚴重的失業。所以，理性預期學派認為，只有沒被預期到的經濟政策才會對實際經濟產生影響；反之，家庭和企業均會調整自身的預期，以適應新的狀況，被預期到的政策對實質經濟沒有顯著影響，此即為著名的「政策無效論」[1]。

薩金特將理性預期的概念引入總體計量分析，並應用於分析系統性政策改變（如改變目標通膨率）對實質經濟的影響。他的研究方法可分為三步驟。首先，根據研究主題建立一個總體經濟模型，用此模型描述不同總體變數之間的關係，換句話說，即是用數學語言來描述實體經濟的狀況。例如，假設根據以往的研究，已知消費者對商品和服務的總需求會受到預期實質利率的影響，那麼，這樣的關係就應該被包含在所建立的數學模型。第二步驟為解出此數學模型，特別關注的是，預期對各總體經濟變數的影響。由於薩金特將理性預期引入總體計量分析，這個步驟的困難點即在於要如何處理理性預期並求解。直覺而言，人們對某件事情的預期，例如對通膨的預期，會和經濟模型本身對通膨的預測相關，

1　理性預期學派是在封閉經濟體系之中討論經濟政策的效果。但現在是全球化經濟，對大部分國家而言，資金不僅在國內流通，也會在國與國之間流動，這些值得進一步討論。

因此，我們可從模型的預測去推估人們的預期。

此部分的直覺簡單易懂，但數學推導與分析則相當有挑戰，薩金特的主要貢獻之一即在於此。最後，用歷史資料對模型做結構性估計。估計後的總體經濟模型，就像一個科學實驗室，可用來做假設性的數值模擬實驗，探討推行一項經濟政策對總體經濟變數的可能影響。

薩金特將上述的研究方法大量應用於分析各式各樣的經濟政策。例如，他研究發現，1970年代，許多國家最初都採用高通貨膨脹政策，但因政府、個人和企業都會根據經濟情勢變化而逐漸調整自身預期，進而影響政策效果，所以，最終各國都改變本身的系統性經濟政策，轉而採用低通膨政策。薩金特的研究並進一步說明，正因為決策者的預期是逐漸調整的，因此當時通貨膨脹率的下降花費了相當長的時間。

兩位諾貝爾經濟學獎得主在普林斯頓大學舉行的新聞發布會上交流。

## ● 席姆斯──向量自迴歸模型

在1970年代初期，席姆斯認為當初既有的總體計量方法，對於認定（identification）的假設均無法令人信服，換句話說，這些分析方法對於決定總體經濟變數之間什麼影響什麼或多或少都有瑕疵，因此，這些方法都不是分析經濟政策的有用工具，用這些方法評估經濟政策，將造成極大的誤導。

舉例來說，當我們考慮蔬菜市場的供給和需求時，傳統上均認為某一因素只會單獨影響供給或需求，不會同時對供需造成影響。例如，颱風來臨時，因風雨對蔬菜造成損傷，會造成蔬菜供給減少。如果蔬菜需求不變，則供給線左移，均衡價格上升，均衡交易量下降。然而，即使假設颱風不影響消費者對蔬菜的偏好和口味，消費者也會因為預期颱風來臨而提早搶購與囤積，因此，颱風不只單影響蔬菜供給，也將影響蔬菜需求，而造成截然不同的均衡價格與數量。

有鑑於此，席姆斯在1972年創立了向量自迴歸模型，此計量模型本質上是一個含有N條方程式和N個內生變數的迴歸系統，描述每一個內生變數如何受到它本身的過去、其他N-1個變數的過去和外生性非預期政策改變的影響。席姆斯認為藉由這樣的計量方法，或可解決認定的問題，而且此方法不僅可以做預測，還可以做經濟政策影響程度的模擬實驗。

他的研究方法大致也可分為三步驟。首先，利用向量自迴歸模型和歷史資料對每一個總體經濟變數做預測，預測值和實際值的差距即為此變數的預測誤差。席姆斯認為，一個變數的預測誤差有可能就是非預期性政策對此變數所造成的影響，但也有可能是此非預期性政策先對其它總體經濟變數造成影響，再間接地對此變數產生影響。因此，第二步驟

就是要將非預期性政策對每一變數的直接影響抽離出來。席姆斯的主
要貢獻之一即在於發展出一套方法，將經濟政策對總體變數的直接影
響從複雜的實質經濟之中正確地抽出。接著，即可進行衝擊反應分析
（impulse-response analysis），此即為第三個步驟：分析非預期性經濟政
策對總體變數的可能影響，藉由此方法，我們可探討經濟政策的多期影
響，而非僅止於當期的影響。例如，央行突然降息對第一季、第二季、
第三季、甚至一年後或兩年後的國內生產毛額的影響。

此分析方法對研究許多經濟問題都有很大的用處，常用於分析總體
經濟變數如何受到非預期性經濟政策或外界突發事件（如石油價格上漲）
的影響。席姆斯曾利用美國戰後資料，並應用上述方法檢驗聯邦準備理
事會升息所帶來的影響。研究結果發現，升息後，國內生產毛額會率先
下降，直到大約第六季後才會開始回升，反之，對物價而言，升息的效
果並不會馬上反應在物價上，大約第六季開始物價才會開始下降，也就
是，大約一年半之後，通貨膨脹率才會降低。

若進一步區分，薩金特的研究著重於系統性政策變化對總體經濟的
影響，可應用於個人和企業如何配合經濟發展政策來調整自身的決策。
席姆斯則關注於突然發生的非預期性事件對經濟的衝擊，例如，油價飆
漲、暫時性的經濟政策和消費突然緊縮等對總體經濟變量的影響。換句
話說，薩金特是研究較長期的系統性的改變，而席姆斯則研究短期的突
發性的改變。雖然兩位學者處理的問題看似不同，提出的分析方法也不
同，但實際上兩位的分析工具互有關聯且相輔相成，他們提出的研究方
法已成為現今總體經濟研究不可或缺的工具。

## ◉ 其他貢獻

薩金特和席姆斯均將理性預期導入總體計量分析，但是兩位學者在後續的研究中，對於預期是如何形成的，則有不同的見解。

薩金特提出所謂的「穩健控制理論」（robust control theory），此理論認為，個人與企業在做決策時，想要降低經濟環境中的不確定性，但對於不確定性是如何產生的並不完全理解，他們無法完全掌握所有的資訊，因此個人與企業是在有限的理性之下做選擇。此有限的理性將可透過一些方式改進，例如學習，使個人與企業掌握愈來愈多的訊息，做出最有利的選擇。

關於理性預期的形成，席姆斯則直指人們處理資訊的能力有限，雖可得到豐富的資訊，但沒有足夠的時間或一一消化的成本太高，因此決策者只會依據他認為重要的資訊做決定，而忽略其他被認為是次要的訊息，此即為「理性疏忽」（rational inattention）。理性疏忽理論可以解釋為何物價不會經常改變，也能解釋為何不同個人會依據不同的訊息做出反應，此部分為傳統經濟學尚未觸及的領域，也正吸引更多研究學者投身於此。

## ◉ 結語

繼1995年諾貝爾經濟學獎頒發給理性預期學派的盧卡斯（Robert Lucas）之後，今年，美國第二次量化寬鬆政策的效果尚不明確，歐洲因多國債務危機處於風雨飄搖之際，此獎項又頒發給同屬理性預期學派的薩金特和席姆斯，也許，正是讓我們重新思考，反省政府在經濟活動中所扮演的角色：政府過度干預的經濟政策是帶領國家度過金融風暴的良

藥,抑或是金融風暴的起因之一?人們通常有自己的理性預期,會因應政府的決策而調整自身的選擇,此舉很可能導致與原本政策目標完全不同的結果。美國前總統雷根曾說:「政府不能解決問題,政府本身就是問題」,對照於一連串的金融危機,政府的角色值得我們深思。

廖珮如:時任職於中央研究院經濟研究所

諾貝爾經濟學獎
NOBEL PRIZE in ECONOMIC SCIENCES

# 從志願選擇找到配對最佳效率

文｜葉俊顯

夏普利與羅斯因分別設計與推廣一套理論可行，
也可被廣泛用來解決婚配、器官捐贈等配對的問題，
而共同獲得2012年諾貝爾經濟學獎的桂冠。

羅埃德・夏普利
Lloyd Shapley
美國
美國加州大學洛杉磯分校

艾爾文・羅斯
Alvin Roth
美國
美國哈佛大學

貨幣經常是從事經濟活動所必需的媒介，而我們也習慣利用貨幣來衡量各種財貨與事務的價值。然而，並不是所有的物品或事務都適合用貨幣來衡量，例如婚配、器官捐贈、名位、學位、入學資格⋯⋯等資源配置問題。今年諾貝爾經濟學獎頒給羅埃德·夏普利（Lloyd Shapley）和艾爾文·羅斯（Alvin Roth），表彰他們對如何有效且穩定的媒合學生與學校、器官捐贈者與受贈者等這類資源配置問題，以及分析各種配對方式對相關群體的影響所做的貢獻。

夏普利於1953年獲得普林斯頓大學博士學位，曾任職於蘭德智庫（RAND Corporation），並於1981年起任教於加州大學洛杉磯分校數學系。夏普利曾獲得許多學術榮譽包括：計量經濟學會的院士（Fellow, Econometric Society）、美國人文與社會科學院院士（Fellow, American Academy of Arts and Sciences）、美國國家科學院院士（Member, National Academy of Sciences）、馮紐曼理論獎（John von Neumann Theory Prize）以及美國經濟學會傑出院士（Distinguished Fellow, American Economic Association）。

羅斯於1973年獲得史丹佛大學博士學位，曾任教於伊利諾大學以及匹茲堡大學。從1998年起於哈佛大學經濟系擔任教授，目前計畫回母校史丹佛大學任教。羅斯曾獲得計量經濟學會院士（Fellow, Econometric Society）以及美國人文與科學院院士（Fellow, American Academy of Arts and Sciences）學術榮譽。

## ◉ 夏普利──穩定配對理論的發現

穩定（stability）這個概念被廣泛的應用到各種領域，譬如：工程與數學⋯⋯等。1944年賽局理論之父，馮紐曼（John Von-Neumann）和摩根

斯坦（Oskar Morgenstern），首先把穩定概念引進合作賽局理論。那麼何謂資源配置的穩定性？假如沒有任何群體能經由進一步交換或交易，而讓該群體內的所有成員皆獲益的話，那麼我們說這個資源配置是具有穩定性。

夏普利和蓋爾（David Gale）在1962年把穩定這個概念應用到配對問題上面。們思考如何把一群男女配對起來，並且在形成配對之後，不會有進一步交換伴侶的情況發生。他們設計一套配對方法，稱之為遞延尋優法則（Deferred-Acceptance Algorithm）。該法則先假定男女雙方的某一方為主動示愛者（為了說明該法則，我們先假定男方為主動示愛的一方），之後，由男方依照自己本身對所有女士的偏好，向他們自己最喜愛的女士示愛。被示愛的女方必須從所有示愛者當中挑選一位為目前暫定的伴侶（也就是說，拒絕所有的示愛者是不被允許）。所有被拒絕的男士在下一回合，向他們自己次喜愛的女士示愛，女方必須從所有示愛者與目前暫定的伴侶當中挑選一位自己較喜愛的男士做為新的暫定伴侶。像這樣尋找伴侶的方式一直持續幾回合，直到沒有任何一位男士向任何一位女士示愛為止。

以下就三男（稱之為 $M_1$、$M_2$、$M_3$）三女（稱之為 $W_1$、$W_2$、$W_3$）的例子來說明遞延尋優法則如何運作。假定女方對男方的喜愛程度分別為，$W_1$ 對 $M_1$ 印象最好，$M_3$ 次之，然後是 $M_2$；$W_2$ 對 $M_3$ 印象最好，$M_1$ 次之，然後是 $M_2$；$W_3$ 對 $M_1$ 印象最好，$M_2$ 次之，然後是 $M_3$。

上述的喜愛程度可以用表一來表示：假定男方對女方的喜愛程度分別為，$M_1$ 對 $W_2$ 印象最好，$W_1$ 次之，然後是 $W_3$；$M_2$ 對 $W_1$ 印象最好，$W_2$ 次之，然後是 $W_3$；$M_3$ 對 $W_1$ 印象最好，$W_2$ 次之，然後是 $W_3$。上述的喜愛程度可以由表二來表示：

設男方為主動示愛的一方。那麼在第一回合 $M_2$ 與 $M_3$ 會向他們最喜愛的 $W_1$ 同時示愛，而 $M_1$ 則向他最喜愛的 $W_2$ 示愛。$W_1$ 從 $M_2$ 與 $M_3$ 兩人

表一　女方（W）對男方（M）的喜愛程度排序

| W1 | W2 | W3 |
|----|----|----|
| M1 | M3 | M1 |
| M3 | M1 | M2 |
| M2 | M2 | M3 |

表二　男方（M）對女方（W）的喜愛程度排序

| M1 | M2 | M3 |
|----|----|----|
| W2 | W1 | W1 |
| W1 | W2 | W2 |
| W3 | W3 | W3 |

之間，依照她自己的喜愛程度選取一人做為暫定的伴侶，因此 W1 選 M3 而拒絕 M2。因為只有 M1 向 W2 示愛，因此 W2 選擇 M1 做為暫定的伴侶，到此第一回合結束。第二回合一開始由被拒絕的男士向他們自己次喜愛的女士示愛，因此 M2 會向 W2 示愛。因為 W2 的暫定伴侶為 M1，而第二回合有 M2 向 W2 示愛，但依照 W2 的喜愛程度，她仍選擇 M1 為她的暫定伴侶，到此第二回合結束。第三回合一開始由被拒絕的男士向他們自己次喜愛的女士示愛，因此 M2 會向 W3 示愛。因為 W3 沒有暫定伴侶，同時只有 M2 向她示愛，因此 W3 選擇 M2 為她的暫定伴侶。第四回合一開始，因為沒有任何男士在前一回合被拒絕，因此也沒有任何男士向任何女士示愛，至此配對結束。最後的配對結果為 M1 與 W2 配成一對、M2 與 W3 配成一對、M3 與 W1 配成一對。

這樣的配對結果是穩定的，因為 M1 與 M3 已經跟自己最喜愛的女士配成一對，因此他們不會跟其他男士交換伴侶。表面上看來，因為女方

可以拋棄暫定的伴侶而跟相對較喜愛的男士交往（也就是說，女方可以騎驢找馬），似乎女方比男方較佔優勢。實則不然，因為就配對結果而言，沒有任何女士與自己最喜愛的男士配成一對。反觀男方則大多與自己最喜愛的女士配成一對，只有 $M_2$ 例外。

　　探究原因，我們發現女方在遞延尋優法則下，她們喪失對自己最喜愛男士的主動示愛權，只能就所有向她們示愛的男士當中挑選較順眼的。如果她們心目中最喜愛的男士從不來向她們示愛的話，她們將永遠喪失與他們配對的機會。同理，若遞延尋優法則在剛開始，假設女方為主動示愛的一方，那麼最後的配對結果為 $W_1$ 與 $M_1$ 配成一對、$W_2$ 與 $M_3$ 配成一對、$W_3$ 與 $M_2$ 配成一對。我們可以看出對女方而言，這個配對結果遠比當男方為主動示愛的一方時來的好。遞延尋優法則印證一個人生哲理，那就是「幸福是需要自己去爭取的」。

　　就配對結果而言，既然女方在假定男方為主動示愛的一方時福祉較差，因此我們毫無理由相信，女方會回報她們對男方真實的偏好。以下的例子告訴我們 $W_1$ 會謊報自己對男士的真實偏好，而讓她自己的福祉提升。假設所有男士與 $W_2$ 和 $W_3$ 誠實回報自己的偏好，而 $W_1$ 謊報她的偏好為 $M_1$ 是最喜愛，$M_2$ 次之，然後是 $M_3$。在這種情形下，遞延尋優法則最後的配對結果為 $M_1$ 與 $W_1$ 配成一對，$M_2$ 與 $W_3$ 配成一對，$M_3$ 與 $W_2$ 配成一對。我們發現 $W_1$ 回報真實的偏好時，$M_3$ 配成一對。然而，當 $W_1$ 謊報時，卻可以與她最喜愛的 $M_1$ 配成一對。因此，遞延尋優法則無法避免配對的主體，利用像謊報自己的偏好這樣的策略行為來提升自己的福祉。羅斯也發現遞延尋優法則有這個缺陷，因此當他以遞延尋優法則為基礎來設計新的配對法則時，如何避免配對主體經由謊報來提升自身的福祉這類的策略行為，是他主要的考量之一。

夏普利的學術貢獻不只在配對問題上，也包括在合作賽局理論。他提出一套以每個人對所有可能形成的聯盟之邊際貢獻為基礎來進行資源分配的方法，稱之為夏普利值（Shapley value）。此分配方法與納許（John F. Nash Jr.）在1950年針對非合作賽局所提出的納許均衡（Nash equilibrium）齊名。因此，許多學者都認為諾貝爾經濟學獎到今年才頒給夏普利，算是一份遲了18年的肯定與榮耀。

## ● 羅斯──穩定配對的應用與推廣

這一套遞延尋優配對法則一直到80年代，才由羅斯發現它廣泛被應用的可能性。羅斯考察了史託克內克（John Stalknaker）和慕倫（F.J. Mullen）在1952年提出用來媒合醫學院畢業生與醫院的住院實習醫師系統，稱之為全國實習醫師配對系統。他發現這套系統與遞延尋優法則類似，因此猜測這套系統能被使用如此多年，可能是因為它所產生的配對結果是穩定的。羅斯隨後證明這套系統的確能產生一個穩定配對結果，同時這套系統也保證單身的醫學院畢業生會回報對醫院的真實偏好。在90年代初，羅斯發現英國的實習醫師配對系統相當多元，不同地區採用不同配對系統，有些系統產生穩定的配對，有些則不能。那些能產生穩定配對的系統，事後被證明是成功的，而那些無法產生穩定配對的系統，事後被證明是失敗的。

儘管美國的實習醫師配對系統相當成功，然而該系統也碰到一些問題。譬如：已婚男女雙方皆為醫學院畢業生並希望在同一個城市服務時，這套系統並無法滿足這類需求。因此，有為數不少的醫學院畢業生選擇不加入該系統。同時這套系統也被批評較有利於醫院而非醫學院畢業生。1995年羅斯重新改良這套系統，以避免上述所提到的弊病，同時也確保

## 醫生與醫院的配對

當醫生為主動表達意願的一方,在第一階段醫生1與醫院a配對成功(因為醫院a的第一人選為醫生1);第二階段由醫生2與醫院b配對成功(因為只有醫生2對醫院b表達意願)、醫生3與醫院c配對成功(因為只有醫生3對醫院c表達意願);此配對是穩定的,因為醫生1已經跟自己最喜愛的醫院a配對,因此醫生1不會跟其他醫生交換醫院;同時,醫生2也不跟醫生3交換醫院,因為跟醫生3交換不會讓自己福祉提高。

若醫院為主動表達意願的一方,則在第一階段仍然是醫生1與醫院a配對成功(因為醫生1的第一志願為醫院a);第二階段由醫生3與醫院b配對成功(因為只有醫院b對醫生3表達意願)、醫生2與醫院c配對成功(因為只有醫院c對醫生2表達意願);此配對是穩定的,因為醫院a已經跟自己最喜愛的醫生1配對,因此醫院a不會跟其他醫院交換醫生;同時,醫院b也不跟醫院c交換醫院,因為跟醫院c交換不會讓自己福祉提高。

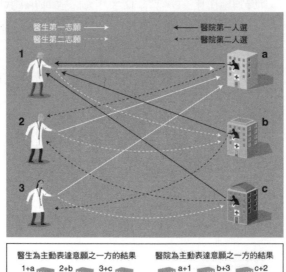

這個新的系統可以形成穩定的配對,與醫學院畢業生會回報對醫院的真實偏好。1997年他的新方法正式被採用,現在透過這個新系統,每年美國約有2萬名醫生找到他們心儀的醫院作為自己職業生涯的起點。

羅斯發現遞延擇優法則不僅能運用到醫學領域,同時也能應用到教育領域。2003年羅斯為紐約市高中生配對所設計的系統是他的另一項成績,每年約有9萬名高中生透過了這一系統來選擇學校。按照舊的系統,學生要列出自己最希望進入的五所高中,而學校則更可能接收那些將自己列為第一選擇的學生。經過三輪選擇後,剩下沒媒合成功的學生則透過行政過程分配給高中,但是每年約有3萬名學生被分配到他們不希望就讀的高中。

此外,舊的系統還產生被分配的學生可經由謊報自己對學校的偏好,使得他們進入較喜歡的學校。羅斯以遞延擇優法則為基礎,設計一個新的系統,解決了這類問題。新系統實施的第一年,被分到自己不希望就讀的學校的學生人數減少了90%。2005年羅斯更利用這套紐約市高中生配對系統的修改版,有效的改進波士頓公立學校入學系統。今天,愈來愈多的學校採用羅斯的系統來提高學生與學校之間配對的效率。此外,羅斯還重新建立現存的器官捐贈者和受贈者間進行配對的一些制度。這些新開發的系統讓一些家庭尋找腎臟來源的過程變得更容易,同時使得腎臟配對的效率大幅提升,進而拯救更多的生命。

## ● 結語

自從1994年諾貝爾經濟學獎頒給賽局理論學者納許、海薩尼(John C. Harsanyi)與賽爾登(Reinhard Selten)之後,相繼有2005年歐曼(Robert Aumann)與謝林(Thomas C. Schelling),2007年赫維克茲(Leonid Hurwicz)、馬斯金(Eric S. Maskin)與梅爾森(Roger B.

Myerson）跟今年的夏普利與羅斯，總計目前共有10位賽局學者獲頒諾貝爾經濟學獎殊榮。

　　賽局理論往往被視為一門研究數學問題的學問，藉由賽局理論學者接連不斷的獲獎，告訴我們賽局理論不只對經濟理論學理的推展有著重大的貢獻，同時也對我們在日常生活當中所面對的經濟問題能夠做出合適的建議，進而提升我們的福祉。尤其，當貨幣不再只是扮演交易媒介，同時也成為交易的主體時，價格機制往往無法發揮應有的功能。這時候，藉由設計一套無需貨幣且能穩定而有效率的達成資源配置方式，就成為當務之急，而這也正是合作賽局理論研究的核心與發展的目的。我想這也是此次夏普利與羅斯獲獎的原因之一。

葉俊顯：時任職於中央研究院經濟研究所

## 投資風向球——了解資產價格走勢

文｜周雨田、顏佑銘

法瑪、韓森及席勒三位經濟學者，
因在資產價格走勢的實證研究上有卓越貢獻，
而共同獲得了今年的諾貝爾經濟學獎。

尤金・法瑪
Eugene F. Fama
美國
美國芝加哥大學
布斯商學院
（圖／Bengt Nyman）

拉爾斯・韓森
Lars P. Hansen
美國
美國芝加哥大學
（圖／Bengt Nyman）

羅伯・席勒
Robert J. Shiller
美國
美國耶魯大學
（圖／Bengt Nyman）

經濟學者最常被人問起的問題之一，就是經濟情況如何影響股價走勢，而投資人該採取何種策略獲利或是避免損失。而在回答這個問題之前，對股價做出某種程度的預測是必要的。但對經濟學者來說，股票或是其他資產的價格可否被預測，這個問題本身就存在著極大的爭議。今年的諾貝爾經濟學獎頒給了在資產價格走勢的實證研究上有卓越貢獻的三位學者：尤金·法瑪（Eugene F. Fama）、拉爾斯·韓森（Lars P. Hansen）及羅伯·席勒（Robert J. Shiller）。雖然他們都從事有關資產價格的實證研究，但對於資產價格可否被預測這個問題，他們的看法實有不同。而這些不同的觀點也深深地影響了當代財務經濟學的研究。

尤金·法瑪目前任教於芝加哥大學布斯商學院。他於1964年由芝加哥大學商學院獲得博士學位，其後於羅徹斯特大學及帝博大學獲得法學博士學位。他的學術榮譽還包括了計量經濟學會院士、美國人文與社會科學院院士及美國金融協會院士等。在從事教學及研究工作外，法瑪亦擔任了證券價格研究中心（Center for Research in Security Prices, CRSP）的主席。該中心長年提供學界大量且重要的資產價格研究資料，可說是實證財務研究最重要的資料庫之一。

拉爾斯·韓森目前為芝加哥大學經濟學系教授，在此之前曾任教於卡內基美隆大學。他擁有猶他州立大學的數學與政治學雙學士學位，並於1978年由明尼蘇達大學獲得經濟學博士學位。1998至2002年時，韓森曾任芝加哥大學經濟學系系主任一職，之後於2007年擔任計量經濟學會主席。他同時也是計量經濟學會院士、美國人文與社會科學院院士、美國金融協會院士及美國國家科學院院士（Member of the National Academy of Sciences）。韓森是國際知名的經濟動態研究學者，他研究的影響力橫跨經濟學與統計學。

羅伯・席勒目前任教於耶魯大學經濟學系及管理學院。他於1972年由麻省理工學院獲得經濟學博士學位。之後陸續於賓州大學華頓商學院（The Wharton School）、明尼蘇達大學及倫敦政經學院授課。席勒亦曾於2005年擔任美國經濟學會副主席，2006至2007年擔任東部經濟學會（Eastern Economic Association）主席。他也是計量經濟學會院士、美國金融協會院士、美國人文與社會科學院院士及美國哲學會院士（Member of the American Philosophical Society）。除在學術上成就非凡外，他長年被公認為是世上最有影響力的經濟學家之一，也是多本暢銷書的作者。

## ◎ 尤金・法瑪──效率市場實證奠定者

法瑪對經濟學主要的研究貢獻有二。第一是發展及完善了效率市場假說（Efficient Market Hypothesis）及在實證上驗證這項假說的方法。第二是奠定了資產預期報酬率及風險之間的關係在實證研究上的基礎。

效率市場假說認為，在資本市場中資產價格，如企業股價，反映了所有投資人可得知有關該資產的相關資訊；換句話說，如果該相關資訊是正確的，且沒有受到任何外力干擾，則它將會充分地反映在資產的價格中，在這情況下我們說市場是有效率的。

在效率市場下，因為資產價格已經完全反映所知的訊息，所以一般來說，投資人非常難從買賣資產來獲取超額報酬，也就是所謂的打敗市場。而財務實證上有關共同基金績效的研究，亦廣泛地支持這種觀點。以打敗股市大盤（標準股價指數，如台灣加權股價指數或是S&P 500指數）為基準，即使將過去表現較好（打敗大盤）及較差（輸給大盤）的共同基金，分別來看他們的歷史報酬率，實證文獻上發現過去表現較好的

共同基金，在未來依舊會輸給大盤。因此投資人採用被動式投資策略，也就是投資所謂的指數型基金，往往有其優勢。而指數型基金的推廣，則可歸功於法瑪等經濟學家對效率市場的研究，讓投資人知道要打敗大盤非常地困難。

在效率市場下，新資訊的產生是隨機的，因此投資人根據新資訊買進賣出資產的行為，會導致資產價格的變動呈現如隨機漫步（random walk）般不可預測的形式。法瑪早期對資產價格的實證研究，主要在於使用統計方法來檢定資產價格是否具有隨機漫步的性質，如他1965年發表的論文，探討了股票價格呈現隨機漫步的理論成因，及檢定了美國的股票價格是否為隨機漫步。他發現的確有證據支持美股走勢呈現隨機漫步。實證上股價有隨機漫步性質的發現，某種程度上支持了效率市場假說。但要更為全面地檢定市場是否具有效率性，法瑪認為，建立一個可描述如何運用市場機制來訂定資產價格的理論模型，是絕對不可或缺的。這類理論模型，更具體來說，也必須要能清楚地陳述資產預期報酬率及風險，在市場均衡狀態時的關係。因此這類模型扮演了兩種角色：對某些研究者來說，它們是檢定市場效率性的出發點，但對另一些研究者來說，它們則是探討資產預期報酬率與風險之間關連性的基石。而法瑪認為，檢定市場效率性及探討資產預期報酬率跟風險之間的關係，兩者其實是一體兩面，不可分割。

在財務經濟學中，這類模型裡最有名的當屬資本資產定價模型（Capital Asset Pricing Model, CAPM）。CAPM最重要的意涵，就是在效率市場下，資產和市場投資組合（market portfolio）的預期風險貼水（expected risk premium，資產預期報酬率減去無風險利率的差值），呈現線性的關係；而後者變動一單位所會影響到前者的變動量，則稱做系

統性風險Beta，而它可視為衡量該資產所擁有風險的指標。法瑪與詹姆士·馬克白（James Macbeth）於1973年提出了一套檢測CAPM的計量方法：法瑪－馬克白迴歸式（Fama-Macbeth Regression）。使用美國股市1969年以前的資料，法瑪跟馬克白運用這套計量方法，發現實證上效率市場假說無法被拒絕。

法瑪及馬克白也發現美國股票的預期報酬率與系統性風險Beta，呈現簡單的線性關係。這隱含了股票的Beta可解釋股票預期報酬率的變動，也支持了CAPM的正確性。但自1980年代之後，愈來愈多實證研究顯示其他風險因子，如企業市值、淨值股價比率（book to market ratio）、市盈率（price to earnings ratio）及企業財務槓桿（leverage）等等，也對股票預期報酬率有解釋作用，而股票的Beta反而並不如想像中那麼重要。這也讓經濟學者開始懷疑CAPM。法瑪與肯尼斯·佛蘭奇（Kenneth R. French）1992年的論文，則指出了市值因子及淨值股價比因子，也是解釋資產預期報酬率的重要變數。而在1993年發表的論文中，他們又提出了使用長短期公債利率的差值，及長期公司債和長期公債報酬率的差值等兩項因子，來解釋債券報酬率的變動。法瑪及佛蘭奇所提出的這些因子，目前已成為實證財務上，探討資產預期報酬率與風險之間關係時所必用的標準因子。這兩篇論文也帶動了研究新的風險因子，如動量因子（momentum）等如何影響資產價格的風潮，是當代資產定價研究中極其重要的兩篇文章。

## ◎ 拉爾斯·韓森──以計量方法驗證資產定價模型

在典型的經濟學模型下，均衡條件常以一組方程組來表達。方程組的組成主要是模型參數的線性或是非線性函數。而實證上檢定經濟學理

論，必須先經由這些方程組來估計模型的參數。模型闡述的經濟學原理也許簡單易瞭，但經由這些方程組來估計模型參數，卻是困難的工作。韓森對經濟學最大的貢獻，在於他發展及完善了一套計量方法：一般化動差估計法（Generalized Methods of Moments, GMM）來實證上估計這類經濟學模型。GMM對於實證上探討投資人風險偏好對資產預期報酬率及風險的影響，有著極為重要的地位。

GMM是經由所謂的動差條件式（moment condition）來對參數做估計。經濟學模型中表達均衡條件的方程組，配合不同的工具變數（instrumental variable），則可形成各種不同的動差條件式，也因此提供了估計模型參數的基礎。即使理論模型中表達均衡條件的方程組並不完整，在GMM下，只要能形成足夠數目的動差條件式，參數估計的求解就沒有問題。此外，資料間的聯合分配機率函數即使未知，GMM亦可使用，而這點可說是GMM比統計上常用的最大概似估計法（Maximum Likelihood Estimation）有優勢的地方。

如前所述，在資本資產定價模型（CAPM）下，資產預期報酬率及系統性風險Beta應呈現簡單的線性關係。即使如此，CAPM卻無法闡述投資人對風險的偏好，在這層關係中扮演著什麼樣的角色。投資人的風險偏好應是市場均衡狀態時，影響資產預期報酬率及風險的一個因子，因為它是投資人決定買進或是賣出資產的重要依據。試圖將投資人對風險的偏好，導入決定資產預期報酬率及風險的關係之中，就促成了以消費為基礎的資本資產定價模型（Consumption CAPM, CCAPM）的誕生。在這個模型架構下，投資人藉由規劃最適跨期消費行為，來達到效用最大；而在均衡狀態時，本期資產價格可表示為次一期資產價格及收益的加總，再經由隨機貼現因子（stochastic discount factor）折現的條件期

望值。而隨機貼現因子的存在,則將投資人風險偏好及外在的總體經濟情勢,跟資產預期報酬率及風險做了完美的連結。

　　CCAPM均衡條件的表達,就跟典型的經濟學模型一樣,是一組模型參數的函數方程組,因此特別適合使用GMM來做參數估計。韓森及肯尼斯·辛格里頓(Kenneth J. Singleton)1982年的論文則是經濟學上首次使用了GMM估計這個模型。文中他們假定投資人的偏好,可用簡單的固定相對風險趨避(constant relative risk aversion, CRRA)效用函數來表示。他們發現與最大概似估計法相比,模型參數的估計在GMM下可有比較小的標準誤差。換句話說,在更寬鬆的模型設定條件下,GMM提供了更精準的估計結果。

　　韓森近期致力於探討不確定性與總體經濟的系統性風險,兩者之間

圖一　韓森為我國經濟學大師蔣碩傑院士的女婿,圖左為其太太蔣人瑞。(芝加哥大學提供)

的連動關係。在他提出的模型中納入了消費者效用函數裡一些更精緻與完整的設定，例如含糊性（ambiguity）、信念（belief）、疑點（skepticism）等因素，而在一系列論文當中，考慮在這些難以量化的不確定性下，所產生的經濟決策與行為。另外他也開創一些新的動態經濟模型，在不確定性條件下，探究經濟和能源政策對氣候變遷的影響。

值得一提的是韓森和我國經濟學界關係深厚。他是經濟學大師蔣碩傑院士的女婿，也常參與國內舉辦的學術會議及發表演講，對於我國經濟學的發展和國際上的學術交流頗有助益。

## ◎ 羅伯・席勒——預測長期股價，樹立房市指標

在效率市場下，資產價格會完全反映投資人所擁有的資訊。但實證上，經濟學家發現資產價格常大幅波動。這種大幅度波動真是因為投資人擁有新資訊，經理性思考後做出最佳投資決策造成的嗎？還是因為別的原因？席勒1981年在《美國經濟評論》（*American Economic Review*）上發表有關美國股市波動率的論文，指出了這種大幅波動的存在，事實上不能單純地以新資訊所造成的理性投資決策，影響了資產價格來解釋。要了解席勒的觀點，首先要知道財務經濟學上一個標準的股價評估觀念：淨現值模型（Present Value Model）。對投資人來說，企業股票真正的價值，在於投資人可以經由企業的經營來獲取股利，因此企業未來股利的折現值，就是該企業股票目前該有的真實價格。但關於未來股利折現值的資訊，往往僅能用預測來取得。因此就現實而言，企業的股價，就是投資人對企業未來股利折現值的最適預期；換句話說，現實中的股價也就是這真實股價的最適預期。而這邊一個重要的統計意涵就是，現實股價的波動率應要小於真實股價的波動率。而在淨現值模型下，企業股價

僅會受企業未來股利或是折現率等基本面因素而變動。因此股價的波動，應源自於有關企業未來股利或是折現率的新資訊對投資人行為的影響。

以美國股市為例，席勒發現，經由事後計算未來股利折現值所估計出的真實股價，跟現實股價相比，前者的波動程度要遠小於後者。這點明顯地違反先前所述現實股價波動率跟真實股價波動率間的關係。且這種情況並不是暫時性的，而是持續了一段很長的時間（圖二，席勒當時所使用的資料樣本期間為1871至1979年）。這說明了現實中股價的確存在著超額波動（excess volatility）的現象。而這種資產價格的過度反應，很難由企業未來股利或折現率等基本面因素的變動來解釋。因此席勒的這項發現，讓效率市場假說的正確性受到嚴重挑戰。

自此之後，關於如何解釋資產價格超額波動的研究，成為財務經濟學的顯學，而這也促成了行為財務學（Behavioral Finance）的興起。行為財務學者認為這種超額波動，主要來自於投資人的不理性投資行為。資產價格超額波動長期存在的現象，也提供了一種可能性，就是投資人也許可藉由這種資產價格的過度反應，來擬訂交易策略打敗市場。席勒的這篇論文，影響當代財務經濟學甚鉅，使它在2011年被選為《美國經濟評論》發行一百年來最有影響力的20篇論文之一。

資產價格的超額波動也隱含了預測資產報酬率是可能的。席勒跟約翰・坎貝爾（John Y. Campbell）1988年發表的論文就這點探討了預測資產報酬率的可能性。他們發現一些會計上常用的衡量企業績效指標，如股利價格比率（dividend-price ratio）及以平均盈利（如十年平均值）計算的盈利股價比率（earnings-price ratio），對於長期股票報酬率（如十年期報酬率）有一定程度的預測能力，且這種預測能力隨著計算股票報酬率的期間變長而增加。但對於預測短期股票報酬率來說（如一年期報

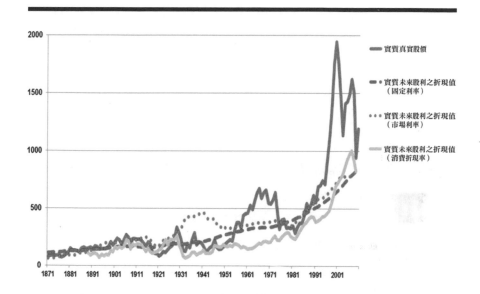

**圖二** S&P 500實質現實股價及經由不同的折現率（固定利率、市場利率及消費折現率）所得出的實質未來股利之折現值。資料為年資料，資料期間為1871至2009年。（資料來源：http://www.econ.yale.edu/~shiller/data/Fig2-1.xls）

酬率），這些變數反而沒那麼有效。在淨現值模型的架構下，股價是未來股利的折現值，因此預測未來股利等於預測了未來股價。席勒及坎貝爾認為上述這些變數，對股價報酬率的預測能力其實是來自於對未來股利的預測能力。

除了在學術研究上成就斐然外，席勒也致力於寫書來傳揚經濟學理念。其著作包括多本有名的經濟學通俗讀物，如《非理性榮景》（*Irrational Exuberance*）、《新金融秩序》（*The New Financial Order*）及《動物精神》（*Animal Spirits*，和另一位諾貝爾經濟學獎得主喬治·阿克洛夫〔George

A. Akerlof〕合著）等書。其中最膾炙人口的著作就是《非理性榮景》，該書曾準確地預言上世紀末美國高科技股泡沫。席勒對於房地產景氣亦有深入地研究。投資人往往覺得房價只會漲不會跌，而這種觀念可能會導致房地產泡沫。席勒在有關美國房地產長期走勢的分析中指出，這種房價只漲不跌的觀念其實是一種心理現象：因為房子大多是很久才買賣一次，因此將目前房價跟買時的房價一比，投資人往往驚訝於房價曾經歷過大幅的上漲。但席勒發現，美國房地產的實質價格（將通貨膨脹率計入的價格），長期來說並不是一個上升的趨勢。而房地產價格走勢，則幾乎可以用通貨膨脹率來解釋。一般認為跟房地產景氣相關的變數，如建築成本，利率及人口數等，反而對房地產價格沒有解釋力。席勒也與卡爾‧凱斯（Karl E. Case）共同提出了一個可確實衡量房地產景氣的指標：凱斯－席勒房價指數（Case-Shiller Home Prices Indices）。該房價指數的提出，主要是在於改善美國房市以新建房屋售價為基礎計算的房價指標，長久以來衡量房地產景氣失真的情況。而在凱斯－席勒房價指數的幫助下，席勒也成功地預測了2005～2007年美國的房地產泡沫。

## ● 結語

資產價格走勢可說是影響人們投資理財行為最重要的因素。舉凡退休金、保險及貸款等維持人們日常生活的理財活動，無不跟其有密切關係。財務經濟學可說是經濟學者投入極多心力的研究領域，而過往多位財務經濟學者也因卓越的研究貢獻而獲得了諾貝爾經濟學獎。但由於金融體系結構複雜，市場瞬息萬變，財務經濟學的研究可說是充滿了重重的挑戰。時至今日，對金融市場基本運作機制及其如何影響資產報酬率及風險，經濟學者依然沒有一個標準的答案。今年瑞典中央銀行將諾貝

爾經濟學獎，頒給了三位在資產價格走勢的實證研究上有卓越貢獻的經濟學者，可說是對財務經濟學研究一個莫大的鼓勵。由本文中關於他們學術成就的簡介可知，釐清資產價格及風險，投資人風險偏好甚或是外在總體經濟情勢之間的複雜關係，仍然有一大段路要走。即使如此，他們的研究成果依然為後續相關研究奠定了最重要的基石。

**得獎者圖片來源**
https://www.flickr.com/photos/bnsd/11253479133/
https://www.flickr.com/photos/bnsd/50371965678/
https://www.flickr.com/photos/bnsd/50372668186/

周雨田：時任職於中央研究院經濟研究所
顏佑銘：時任職於中央研究院經濟研究所

# 2014

# 提供獨佔企業的管制之道

文｜紀志毅、邱敬淵

1980年代至今，提侯針對控制市場力量的公司進行分析，
並提出新的整合理論，
這套理論討論政府如何管制公司企業的獨佔或寡佔。

1970年代經濟學家開始將賽局理論應用到獨佔與寡佔市場。

1980年之前，對於反托拉斯案例與政府應如何管制的爭辯，
常常流於意識型態之爭。

讓·提侯
Jean Tirole
法國
法國土魯斯經濟研究院

瑞典皇家科學院2014年將諾貝爾經濟學獎頒給讓‧提侯（Jean Tirole）。
雖然61歲的年紀較過去得獎者平均年齡少了6歲，但過去幾年，提侯一
直是大家猜測會得獎的人，因此今年獲獎，並不令人意外。提侯是法國
人，就讀過法國培訓菁英的綜合理工學院（École Polytechnique）及國
立橋樑道路學校（École Nationale des Ponts et Chaussées）等「大學
校」（grandes écoles）。後來到美國麻省理工學院（MIT），用三年的時
間拿到經濟博士。從畢業起至今，他一直是理論經濟學的學者中表現最
傑出的人之一。他的傑出，不僅是著作的質量領先同儕；他所涵蓋的領
域之多，過去三十年應該沒人能比：包括賽局理論、產業經濟學、管制
理論（regulation）、電信事業的管制、金融監理、公司財務（corporate
finance）、金融流動性問題（liquidity）與總體經濟學、組織經濟學、及
心理學與經濟學（psychology and economics）等。平均大約五年，他
專注於一個領域，寫出十篇左右的論文，然後將這些論文改編成教科書。

## ● 產業經濟學的賽局革命

皇家科學院公布提侯的得獎理由，是他「幫助我們了解，如何管制
具有獨佔力量的公司」。經濟學依照競爭者的多寡，將市場大略分成四種。
競爭者最多的稱為完全競爭，其次是獨佔性競爭（如餐館、美髮業），這
兩種市場，單一的生產者並無法影響市場價格，我們說他們「沒有影響
市場的力量」，簡稱沒有「市場力量」（market power）。在另一頭，孤行
獨市、只此一家的，稱為獨佔；只有少數幾家的，稱為寡佔。這兩種市
場中的生產者，都具有市場力量。經濟學家很早就注意到獨佔廠商會欺
負消費者與潛在競爭者，因此需約束獨佔廠商的市場力量。美國更早在
1890年，便通過由參議員薛曼（Sherman）制定的全世界第一個反托拉

斯法（公平交易法），藉以約束洛克斐勒的標準石油公司（Standard Oil）所做的反競爭行為。當提侯開始研究管制獨佔與寡佔的問題時，美國司法界在這方面已經累積了近一世紀的經驗，也修理過像AT&T與IBM這樣的大老虎；在此期間，經濟學者當然也有不少貢獻。那麼，提侯還能做出什麼大突破？

首先，經濟學家對於過去的反托拉斯案例，並沒有統一的分析架構。以芝加哥學派為首的學者常常認為一家公司能成為獨佔，是因為它的能力比競爭者強，因此，懲罰這些公司，並不利於提高公司的競爭力。其次，芝加哥學派對於政府干預市場一直抱持負面的看法。另一方面，堅持獨佔沒有社會利益、或政府干預是必要之惡的學者或法官也不少。換句話說，在1980年之前，對於反托拉斯案例與政府應如何管制的爭辯，常常流於意識型態之爭。其次，經濟學家在1970年代，開始將賽局理論應用到獨佔與寡佔市場，這些成果，讓學者可以重新檢視先前的反托拉斯案例，將先前的爭論，放入統一的架構中分析。

提侯從MIT畢業後，先任職於母校國立橋樑道路學校，然後被挖腳回MIT。他的指導教授馬斯金（E. Maskin，2007年諾貝爾獎得主之一）也在MIT，後來到附近的哈佛。提侯的同學弗登伯格（Fudenberg）也在哈佛教書，這三人組合在1980年代，將賽局理論中需要解決的問題，做了一大半；另一大半則由史丹佛的「四人幫」完成。在這段時間，提侯以賽局理論為架構，重新整理產業經濟學。先前的產業經濟學著重在統計資料的分析，但由於統計資料是產業競爭後的結果，對於產業是如何成為資料所呈現的樣貌，這個架構並無法回答。提侯及其他學者，以賽局為分析架構，以此來回答：競爭者之間的互動，會如何影響到彼此的盈餘，以及消費者的福利。1988年，提侯將這幾年的成果，出版了「產業

經濟理論」教科書。這本書至今沒有改版，但仍然是聖經級的著作，所有經濟學研究所的產業經濟學，一定要用它當教科書。最後一章的「賽局使用手冊」，也是經典，短短數頁便可讓讀者深入掌握賽局理論。

提侯在這本教科書所建立的架構，是主張學者身為觀察者，必須了解競爭者彼此的「誘因」，才能了解他們的行為。「誘因」是胡蘿蔔或棒子，理性的人應該是自利的，應該要趨吉避凶。然而，有時我們會看到廠商做出對自己不利的策略，例如產品保固責任、或「買貴退差價」。提侯有名的研究成果之一，是分析這類「承諾」，探討為何廠商願意保證在未來，做出對自己不利的事情（幫消費者修東西、退差價給消費者）。答案是，保證未來願意犧牲自己的利益，才能吸引消費者購買。此外，貌似對廠商不利的策略，有時反而會提高利潤。例如，買貴退差價的另一個功能，是幫助相互競爭的廠商，維持價格上的默契。

## ◎ 新管制經濟學：誘因的重要

提侯在產業經濟學上大概鑽研了五年，然後開始與另一位法國學者拉豐（Laffont），將他們在產業經濟學上的心得，應用到管制。1980與1990年代是國營企業私有化與產業鬆綁（deregulation）的年代；在經濟理論方面則有奠基於賽局理論的誘因理論（incentive theory）、或稱契約理論（contract theory）的迅速發展。拉豐與提侯都是契約理論的頂尖學者，也很早就以管制作為契約理論的應用課題之一。他們的研究因此呼應了產、官、學界對於新的管制理論與政策的迫切需求；研究成果也在1993年集結成一本研究所等級的教科書。

拉豐與提侯不僅只是研究夥伴。提侯目前任職的產業經濟研究所（Institut D'Economie Industrielle, IDEI）與土魯斯經濟研究院（Toulouse

School of Economics）的前身便是由拉豐所創立並奠定基礎。拉豐將提侯由MIT找回土魯斯，並集結了眾多優秀的經濟學家，使土魯斯在短短一、二十年間成為世界級的產業經濟學研究中心，足以與美國西北大學等名校比肩。拉豐於2004年因癌症過世。皇家科學院在十年後選擇提侯為經濟獎得主，或許是巧合。但提侯的獲獎研究「如何管制」有一大半是與拉豐的合作成果，而提侯在得獎後的訪談也提及如果拉豐仍然健在，這個獎可能是兩個人一起分享。

　　前面提到，經濟學者很早就分析管制這個領域。提侯的方法，與他鑽研產業經濟學時類似，以「誘因」為中心，用賽局來分析。提侯先分析，當政府必須向唯一的生產者購買產品或服務時，需要處理的問題。先前的理論只強調價格應怎麼決定，提侯則強調，政府並無法完全掌握生產者的資訊，由此衍生出兩個相互衝突的誘因：第一、政府希望減少生產者的利潤，因為政府是用納稅人的錢；第二、政府希望生產者努力降低成本。以政府採購常採用的方法為例，成本加成法（cost-plus contract）由政府審計生產者的成本，實報實銷，扣掉成本後，政府給予定額當成生產者的利潤。這個方法保證生產者只拿到許可的利潤，但生產者並沒有降低成本的動機，因此成本往往過高。另一個方法是固定價格法（fixed-price contract），當完工後，政府給予定額，生產者的成本如果低於此定額，就有利潤；反之，就有虧損。這個方法的好處，是生產者會盡力降低成本，而缺點則是會留太多利潤給生產者。提侯稱前者為「低強度」誘因契約，後者為「高強度」誘因契約。高強度的誘因讓生產者享受自己努力的果實，因此願意付出更多的努力。

　　最佳的契約應該是哪一種，並無定論，需視政府重視的目標而定。誘因強除了讓生產者賺太多納稅人的錢，也可能產生其他問題。例如，

當政府無法確認品質好壞，則政府需處理兩重資訊上的不對稱：生產者有沒有盡量減少成本，以及有沒有犧牲品質。此時，比較適當的政策，是降低誘因的強度，避免生產者為了降低成本而犧牲品質。或者，生產者如預計與政府的合約將會持續，此時生產者擔心，若績效太好、成本很低，在續約時，政府會要求更嚴苛的價格（例如：照上次合約打九折），因此在第一次承包時，預留一手，不刻意降低成本。要避免生產者如此做，適當的政策也是要降低誘因強度。

由這些例子，我們可以發現，提侯對於政府的管制政策應該如何訂定，並沒有一個不變的原則，而是強調不同的情境，有不同的處理方式。如果說芝加哥學派的意識型態是市場萬歲，提侯的意識型態並不明顯。提侯唯一堅持的，是政府與其管制的對象，應該是理性的，會對誘因做出反應。制定好政策的前提，是政府能先了解廠商對於政策，會做出什麼反應。例如，從1980年代英國柴契爾夫人主導的國營事業私有化浪潮，究竟是好是壞，論者往往流於「市場萬歲」與「市場邪惡」之爭，提侯則強調，要看我們從私有化過程是要獲得什麼成果，再去探討更改過的誘因系統，能不能得到想要的結果。

## ● 政府部門也有誘因問題

又如，芝加哥學派曾主張，由政府來管制市場，會讓廠商想辦法影響政府官員，反而衍生出新的問題，即政府被利益團體綁架（capture），甚至管理者（regulator）與企業之間的勾結問題（collusion）。提侯並不否認這個「政府失靈」的可能，但是他的回應並不是直接拒絕政府介入，而是將管理者的誘因問題納入他的分析架構中。一個適當的管制政策不只要處理廠商誘因的「經濟」問題，還同時包含了政府部門誘因以及制度設計

的「政治經濟」問題。提侯對於制度以及組織內部誘因的興趣產生了一系列論文，留待後談。而他對勾結問題的兩篇論文起了頭，由拉豐及其法國弟子馬赫蒂摩（Martimort）接棒，發展成管制與組織經濟學的一支研究領域，深化了我們對官僚制度的了解。比如為了降低廠商勾結的意願，我們可以減少廠商的誘因強度、或者限縮政府部門的權限（discretion），使得廠商賄賂的誘因下降，或者就算想賄賂，政府部門能夠放水的空間也不大；也可以分設多個監理部門，以增加勾結的交易成本。換句話說，對政府部門的「官僚」、「不知變通」、或者「疊床架屋」等常見批評，不必然是政府失靈的病徵，反而可能是為了解決公家機關誘因問題的結果。

對於反托拉斯法的議題，提侯同樣有所貢獻，其中之一是對於垂直整合是否違法的分析。傳統看法認為，廠商往上游或下游整合，應該是出於節省成本的考量，因此並不違法。但提侯認為，這種策略有可能是為了阻擋競爭者。例如有線電視業者，如果併購體育台，將可使競爭者處於劣勢，也可以對收視戶訂較高的價格。晚近提侯的另一重要貢獻，是分析「交易平台市場」（two-sided market），這類市場包含：新聞媒體（讀者與廣告商都使用這個平台），搜尋引擎（我們用Google，廣告業主也用），或網路商城（亞馬遜書店賣書也買版權）。隨著網路的普及，這些市場上的反托拉斯官司愈來愈多。紐約時報採訪提侯時，便一直問提侯對這些官司的看法。提侯的回答仍然一貫：每個個案不同。

## ◉ 企業與誘因

誘因不僅影響了廠商彼此的競爭、廠商與政府的互動；在組織內部，包括廠商、政府、甚至是公益團體，都必須處理成員之間的誘因問題。例如公司老闆或單位主管可能擁有名義上的決策權（formal authority），

但實際上的決策過程卻往往由手下的員工尋找並評估可能方案後，由老闆擇一施行。如果老闆和員工的偏好不同，員工便可由口袋名單的組成來影響到最後出線的選項。提侯稱這時候員工享有實質上的決策權（real authority）。名義與實質決策權分歧最明顯的例子是老闆對員工言聽計從，淪為橡皮圖章。一個組織必須考慮決策權如何分配，而適時下放權力就像之前提到的高強度誘因，藉由讓員工選擇自己喜歡的方案來激勵員工。只要老闆和員工的偏好不是完全相反（只要員工最喜歡的方案不是對老闆最差的方案），提高員工的誘因也可以讓老闆得利。所謂「無魚蝦也好」，讓愛吃蝦的員工努力抓蝦，然後與老闆分享收穫，總勝過讓他懶散地錯過每一條魚。

誘因與決策權的分配不僅關乎內部制度，也與公司財務有關。提侯最近出版的教科書就是2006年的公司財務理論。在這本書中他同樣以誘因與資訊不對稱的架構整理演繹過去二、三十年來累積的大量公司財務理論文獻。早期的Modigliani-Miller學說認為一間公司的舉債能力（debt capacity）完全取決於獲利能力，而與財務結構無關。如果公司預計未來能賺1000萬，不考慮利率，現在應該可以借到1000萬來進行投資。不會出現空有大好商機卻找不到人投資的信用管制（credit rationing）問題。發行股票或者債券只會影響到課稅或破產成本等制度面因素。但是誘因理論很快就在公司財務立足扎根，並改寫了這個領域的基本風貌。

就如同政府管制，為了誘導生產者降低成本，生產者必須保留一部分成本下跌後的好處，投資人也必須與企業家分享獲利，以確保企業家會好好經營公司。未來賺到的1000萬元可能只有700萬元能夠償還給投資人，其他的300萬元必須保留給企業家以提供誘因。例如讓企業家與投資人各擁有30％與70％的股權，然後按持股比例分配利潤。此時如果必

須向投資人借800萬，信用管制的現象隨即而生：未來利潤超過所需投資金額，因此進行投資能提升社會整體淨產值，但是投資人卻不願意拿錢出來。而當企業家需要愈多的獎勵以維持誘因，投資人能分到的報酬愈少，信用管制的問題就愈嚴重。

那麼，財務結構在這裡扮演什麼角色？金融資產就是一種契約。政府與生產者簽下的契約決定了生產者願意付出多少努力，同樣地，提侯與其他學者認為企業家與投資人之間的契約內容也會影響企業家的努力程度或者策略選擇。不同於 Modigliani-Miller 學說，財務結構透過誘因影響公司的獲利能力以及市值。首先，財務工具決定了公司盈餘或者損失在投資人與企業家之間如何分配。比如向投資人發行1000萬元公司債，那麼不論公司賺了2000萬或1000萬，企業家都只要償還投資人1000萬元。當公司賺得愈多，企業家就拿得愈多。

但是如果是發行股票，則不管賺多少，公司盈餘會以股息的方式按照股票張數分配給投資人。按照之前的介紹，債券的誘因強度較股票為高。但是也如同前面的分析，過強的誘因也可能有副作用，例如企業家在高強度誘因的契約下可能選擇高風險、高報酬的經營策略，而增加失敗破產的機率。此外，資本結構也決定了公司控制權（control rights）的分配。當公司賺了2000萬，債權人拿回1000萬後便不能對公司經營說三道四；反之，如果公司有虧損，或者賺得不夠多，不夠償還債務，那麼債權人便能影響公司的未來，看是要破產清算（liquidation）、或者重整改造再出發。換句話說，公司績效好時，控制權會在股東，包括擁有股權的企業家手上，而若績效變差，控制權會往債權人那一方移動。因此，公司資本結構會透過盈餘分配以及控制權移轉的雙重管道影響企業家的誘因。而公司財務的一個重要課題就是藉由資本結構來平衡各種誘因問題。

提侯在財務領域的另一個重要貢獻是流動性的研究。開公司三不五時都需要錢：這個月營收不如預期，或者應收帳款收不到，但仍然要支付工資房租。當無法及時填補短期資金缺口，即使是基本面健全、前景看好的公司也會陷入經營危機，甚至倒閉。因此有必要考慮是否多儲備流動性資產，也就是「流動性管理」（liquidity management）。所謂的流動性是指資產是否能夠在不需過分降低價格的條件下迅速變現。現金的流動性最高，不易變賣的廠房或機器設備的流動性較低。根據這種對流動性資產的需求，提侯與另一位長期合作夥伴，MIT的本特・荷姆斯壯（Bengt Robert Holmstrom）提出了一個新的資產定價法（liquidity-based asset pricing model）。

提侯雖然被歸類為個體經濟理論學家，但也相當關心總體經濟方面的課題。金融市場的流動性會影響整體經濟表現，提侯就根據他的流動性研究為政府介入提供了理論依據：當整個經濟體系受到負面因素影響，許多廠商或者金融機構同時需要短期資金，市場無法提供足夠的流動性資產，而變賣資產也可能只能以賤價出售（fire sales），這時候政府可以用紓困措施（bailout）來挹注市場短期資金。在最近幾次的金融危機，美國聯邦準備銀行、歐洲中央銀行等政府單位就因為市場流動性不足而進場，在市場撒錢。

但有介入的空間不代表政府介入有利而無害。提侯最近的研究便強調紓困可能扭曲銀行等金融機構的誘因。銀行的本業就是借短放長，貸出的款項較吸收的存款具有較長的還款期限，因此需要小心規劃短期資金需求。如果出了事政府就會介入，銀行便會放鬆警戒。更有甚者，如果政府只在情況非常嚴重時介入，那麼銀行可能有誘因選擇集體風險性高的操作方式；不出事則已，一出事就要鬧大，大到政府不得不介入。

換句話說,政府紓困反而可能成為助長金融風暴的因素之一。

## ● 誘因無所不在

回顧提侯的研究,皇家科學院認為「提侯的整體學術貢獻超過個別研究的總和」。他的研究領域廣泛且具時代意義,但仍有一致的主題與方法:以賽局理論為基礎,配合個別問題的特性,找出誘因,以此建立理論基礎後再提出政策建言。同樣的取向也可以體現在他近來對於心理學與經濟學的研究。諾貝爾經濟學獎向來帶有終身成就獎的意味,得獎者的研究成果已公認對經濟學領域有深遠的影響。得獎後,提侯在訪談中亦不改其「研究者」(researcher)的自我定位。經濟學界好奇提侯接下來會觸及哪個領域,就讓我們拭目以待提侯下一次將告訴我們社會的哪一個誘因問題。

紀志毅:時任教於中興大學財金系
邱敬淵:時任教於臺北大學經濟系

# 個體消費分析貧窮

文｜莊奕琦

安格斯・迪頓
Angus S. Deaton
英國
美國普林斯頓大學

2015年諾貝爾經濟學獎，頒給任教於美國普林斯頓大學的學者安格斯·
迪頓（Angus S. Deaton），表彰他在個體、總體與經濟發展綜合性的貢
獻。迪頓教授由個體的消費行為分析、跨期消費決策的個體與總體的分
析、乃至貧窮的衡量、減貧與提升福利的經濟發展等，做了全面而系統
性的研究，探討影響長期經濟發展的核心關鍵。誠如1995年經濟學獎得
主芝加哥大學的盧卡斯（Robert E. Lucas Jr.）教授所言，一想到經濟發
展，所有經濟學家很難再去思考其他的問題。

## ◉ 如何走上經濟學之路

迪頓生於1945年10月19日英國愛丁堡市。父親為土木技師，母親
為木匠之女，由於他的父親非常重視教育，毅然將13歲的他送去當地學
費高昂的名校費茨書院（Fettes College）就讀，也因此迪頓年少即會彈
鋼琴、大鍵琴和雙簧管，對數學也頗有天分。他隨後進入劍橋大學，當
時數學的傳統學究式教學並未能引起他的興趣，而風靡一時的橄欖球又
過於粗暴且難以駕馭，以致他的大學生活可謂漫無目標。直到校方見其
學習不彰而要求離校時，為了不讓他父親失望，他便想學些拿手的數學
相關學門，此時經濟學躍入眼簾，從此一頭栽進經濟學的世界，展開他
多采多姿的經濟學家生涯。

大學畢業後，他曾短暫在英格蘭銀行工作，之後迪頓又回到劍橋，
並和他的第一任妻子伯恩賽德（Mary Ann Burnside）結婚。在劍橋時期，
首先跟史東（Richard Stone）研究消費行為，他不滿意當時的線性支出
系統理論（linear expenditure system）中，固定結構形式的假設與實證
解釋的限制。他認為一個好理論應可合理解釋不同的實際現象，因此不
斷思考建構更理想的消費理論。

　　1974年，他因優異的研究成果而獲得劍橋大學博士學位。1975年，伯恩賽德因乳癌過世，他帶著兩個未滿5歲的小孩，接受布里斯托大學（University of Bristol）的邀請擔任計量經濟學系主任，期間發表有關最適租稅、偏好結構、價格與數量指數等文章。在實證研究方法上，則發展如何結合橫斷面（cross-sectional）與時間序列（time-series）資料來建構擬追蹤資料（pseudo panel data），不僅可有效降低樣本估計的偏誤以提高估計的準確性，更重要的是，還能估計個人的跨期決策行為。1980年，他與米爾鮑爾（John Muellbauer）在著名的《美國經濟評論》共同發表具彈性需求結構的近似理想的需求系統理論（Almost Ideal Demand System）論文，並於同年共同出版《經濟學與消費行為》（*Economics and Consumer Behavior*）專書。

### ○ 消費與貧窮

　　消費決策通常會受到本身物價、一般物價與所得的影響。代表性個人跨期模型的消費決策在平滑消費（consumption smoothing）的偏好下，分別發展出莫迪利安尼（Franco Modigliani）的生命週期假說（life-cycle income theory）與傅利曼（Milton Friedman）的恆常性所得假說（permanent income hypothesis）兩套理論。此兩理論認為，暫時的所得增加經消費平滑後對當期消費的影響甚少；但迪頓的個體資料實證後則發現影響極微，甚至沒有。經濟現象是一種累積過程，任何短期衝擊（機運或景氣），都會隨時間累積強度；故任何初期的橫斷面差異，長期累積後就會呈現愈形不均的差異趨勢。迪頓更重要的發現是，若按照恆常所得理論來看，暫時性所得的波動性將遠大於恆常所得與消費的波動性，從而推翻代表性的個人總體模型，而強調個體決策的異質性。這種

個體行為與總體行為的資料結果相互背道而馳的現象，被稱為迪頓的弔
詭（Deaton's Paradox）。

　　消費與儲蓄行為是所得的重要決策，而所得又決定生活的水平與福
利，尤其與消除貧窮（poverty reduction）有關。長期以來，我們對經
濟發展如何造成貧富不均的成因了解有限，以致無法提出有效的脫貧政
策。迪頓的個體消費行為分析，為貧窮做了更好更明確的定義，同時也
更重視取得家計單位調查（household survey）的研究資料。如何衡量貧
窮？迪頓認為消費比所得重要，因此需要收集資料以直接衡量窮人的消
費生活水平，尤其在健康、醫療、教育等方面，而非假設窮人所得和人
均所得一樣成長。

　　1980年代英國柴契爾夫人採取緊縮政策，大砍教育預算，在研究經
費受限下，迪頓乃於1983年接受研究資源相對優渥的美國普林斯頓大學
的邀請，擔任經濟學系的教職迄今，並在普林斯頓認識他的第二任妻子，
同為經濟學家的凱絲（Anne Case）。不同於一般學院派的經濟學家傾向
關在象牙塔裡發展自己的理論，迪頓經常和世界銀行合作，共同研究各
項實務性的發展議題。1997年，他將研究成果發表於以開發中國家為主
要研究對象的《家計調查分析》（*The Analysis of Household Surveys*）專
書，書中除與發展相關的實證研究外，另教導研究者如何設計和進行家
計調查所需具備的實務技巧，進而帶動各地學界與研究機構從事有關家
計單位的個體實證研究，並對發展經濟學提出新的實證研究方法。

## ◉ 推翻傳統理論

　　迪頓的個體實證研究推翻了許多傳統經濟學的基本教條。長期以來，
經濟學家傾向以人均所得來衡量福利，包括生活水準與貧窮程度。一般認

為由於家計單位中有許多類似公共財的財貨如房屋、車子和空調等，具有規模經濟效果。故在同樣的人均所得水準下，家計單位愈大者其福利水準也愈高。另一方面，因家中有公共性財貨，家中各個成員就能夠消費更多的其他財貨。因此在貧窮國家，當家計單位規模變大時，預期人均食物消費也理應跟著提高。弔詭的是，迪頓的實證研究結果卻發現恰好相反。另一項研究也發現，儘管印度人普遍營養不良率高，但隨著過去二十年間經濟成長與人均所得的提高，人均的卡路里消費卻不升反降。

　　一般認為非預期性的通貨膨脹（unanticipated inflation）將不會影響當期消費，但迪頓認為消費者每隔一段時間才去購買財貨，而消費者從其購買財貨相對價格的提高無法立即區分出為預期或非預期性的通貨膨脹，因而增加當期消費，故推論非預期性的通膨短期間反而會出現儲蓄率下降現象，此項假說亦獲得許多國家的實證支持。

迪頓獲獎後在美國普林斯頓大學舉行記者會，當被問到接下來的計畫時，他說：「我只想回去工作。」（圖／Denise Applewhite, Princeton Communications）

迪頓認為能對傳統理論的推翻或修正提出證據就是一項重要的進步，也比對尚未成熟的新理論提出支持證據更具建設性意義。如果做研究有什麼竅門或心得的話，迪頓認為在於持續把玩理論與資料之間，直至發現自己真正不了解之處。發現任何兩項看似弔詭的結果，往往也代表著我們可能對其中某一項問題的無知，正是這樣的無知才能真正啟動我們對研究的興趣，直至有所發現或了解。

對於晚近社會科學流行的隨機控制性試驗（randomized controlled trails）研究方法，迪頓頗不以為然甚至有些憂慮，因過去研究者總是在理論與實證中相互驗證，可收相輔相成之效，而今隨機控制性試驗結果反而是用來取代理論的不適用，兩者遂淪為替代，何況隨機控制性試驗嚴格來說並非科學的研究方法。

## ● 脫離貧窮的必要手段

有關貧窮與經濟發展，個人或家庭的消費決策會影響所得，短期如凱因斯的乘數效果，長期則經由儲蓄和投資擴大生產並提升所得。所得的提升則可以透過改進健康、降低貧窮與提高福利而帶來經濟發展。所以所得影響健康，所得成長後透過衛生與醫療保健投資與政府公共支出的增加帶來健康與福利的提升。若果，則貧窮的本質就是貧窮本身，除非想辦法讓所得提高，否則脫貧無望。

迪頓教授對上述的主流看法提出不同見解，在他2013年出版的《大脫逃：健康，財富與不均的來源》一書中提出，健康是脫貧的首要，健康的改善不必然先需要所得的成長，尤其當儲蓄相對較為便宜時，有利於健康醫療的改善，故縮小健康差距即可降低所得差距。事實上，有一個關鍵的因素同時影響健康與所得，即知識的累積。知識的累積來自人

力資本投資，人力資本投資可以帶來技術進步擴大產出，同時也會增加醫療與健康的投資；而人力資本的累積則取決於制度的品質，至於制度品質的良窳則繫於政府的優劣。

　　一個好的政府會制定好的制度，採用有效的政策，提供適當的誘因，讓資源做最適的分配，進而提升社會整體的福利。政府才是國家發展的關鍵，這應該是今年諾貝爾經濟學獎頒給迪頓教授給我們最大的啟示。

莊奕琦：時任教於政治大學經濟系

# 2016

諾貝爾經濟學獎
NOBEL PRIZE in ECONOMIC SCIENCES

# 以契約理論解決稅制與數學問題

文｜梁孟玉

奧利弗・哈特
Oliver Hart
英國
美國哈佛大學
（圖／Martha Stewart 提供）

本特・荷姆斯壯
Bengt Robert Holmström
芬蘭
美國麻省理工學院
（圖／Soppakanuuna 提供）

21世紀諾貝爾獎
NOBEL PRIZES 2001–2021

今年諾貝爾經濟學獎頒給在「契約理論（contract theory）」上有卓著貢獻的兩位學者，美國哈佛大學教授奧利弗‧哈特（Oliver Hart）與麻省理工學院教授本特‧荷姆斯壯（Bengt Robert Holmström），據瑞典皇家科學院表示，契約是現代社會運作上的一個重要基礎，他們二位的研究，啟發了我們，如何可以更有效地設計契約，來處理簽約的雙方，彼此間存在的利益衝突問題。

契約在現實社會上的運用，大到可用來規範集體公民的憲法、年金、健康保險等等的社會制度，小到如一般民間團體內的勞資、婚姻、租賃關係。近年來，更由於手機與電子商務的發達，以往一些用一手交錢一手交貨即可完成的現金購買方式，也愈來愈多透過契約來保障交易。

契約自古即存在，有的契約很複雜，有些則很簡單，該如何設計才是最好，這問題早在18世紀的亞當‧斯密（Adam Smith），即以經濟學家的角度，提出了地主跟佃農的租約設計，必須要給予佃農有改善農地的誘因，否則會導致社會福利平白地遭蒙損失。契約中的誘因設計問題，能在兩百年後獲得重大進展，主要是因為這時期，非合作賽局均衡理論分析方法大量應用到經濟學上，為大家提供了一個有力的分析工具。從「賽局理論」的應用發展到哈特和荷姆斯壯這兩位教授讓「契約理論」進一步躍進，這中間最直接的推手，要算是以「訊息不對稱下的經濟誘因問題貢獻（fundamental contributions to the economic theory of incentives under asymmetric information）」的研究，而得到1996年諾貝爾經濟學的兩位得主，英國劍橋大學教授莫理斯（James Mirrlees）與美國哥倫比亞大學教授維克里（William Vickery）。

1994年諾貝爾經濟學獎頒給非合作賽局均衡理論貢獻後，1996年即頒給莫理斯和維克里，這也可解讀成瑞典皇家科學院對他們二位在應用賽

局到個體經濟理論分析之貢獻的推崇。他們得獎的主要貢獻之一,是維克里針對最適所得稅制度該如何設計,提出一套分析架構,而莫理斯則是解決了當中數學求解問題,並把這套方法推廣到處理民間契約如何設計的問題上,比如說汽車保險公司要如何設計理賠額度才可賺最多的錢。

## ◎ 如何妥善設計所得稅制?

社會最適所得稅制如何設計,這議題在貧富差距日益擴大的今日,益顯切身。話說 1897 年時,將數學語言帶入經濟學與統計學分析的泰斗——埃奇沃斯(Francis Y. Edgeworth)教授論文提出,從功利主義的角度去看,最大社會福利的所得稅制,就應該要對富人課以極重稅,他的理由簡單講就是,因為 1000 元帶給窮人的效用遠比富人要高得多,所以當大家都贊同要追求極大化社會總效用時,就可透過稅制將財富重分配,結果自然要對富人課極重稅。

當然,在共產主義早已崩盤的今日,我們都知道這會出什麼問題,如果多賺的錢都入不了自己口袋,多數人就不會有誘因去努力工作、進修、創造與推銷新發明了。但這要用學術觀點,嚴謹地去把這事講清楚,不流於民粹口水戰,並不容易。維克里教授在 1945 年的論文,採用與埃奇沃斯相同的功利主義觀點,對最適所得稅制的設計,提出數學模型分析,假設人的偏好都一樣但能力不同,在無知之幕(veil of ignorance)下,大家來決定什麼樣的稅制可以保留大家努力上進的誘因,又不會讓有錢人太浪費、糟蹋了我們社會的有限資源。這裡要特別提醒,經濟學思維並不受華人民俗信仰影響,認為因運氣好賺到錢,是個人或祖先積德才得到的福報、是應得的,拿出來說嘴是忌妒心作祟,會造口業。從經濟學功利主義的角度看,恰恰相反,因運氣好多拿的,要付重稅返回

社會，拿去補貼因運氣不好而墮入貧困的，來極大化社會總效用，若不朝這方向去檢視社會制度運作後的成效，反倒是社會共業。

## ● 所得來自個人付出，或是運氣？

但問題來了，如果所得是由努力與運氣共同決定，光看所得高，又怎麼會知道是來自個人的付出，還是運氣呢？在這裡人的資質被看成是運氣的一部分但不一定要是全部，誘因設計若重點放在獎勵付出、懲罰偷懶，在契約理論的術語上，我們稱這為「道德淪喪（moral hazard）」，反過來，如果設計的重點改成如何區分資質，以便選賢與能，則稱為「逆向選擇（adverse selection）」。例如，若要用埃奇沃斯的觀點去課高薪者重稅來補助低所得者，所得高的可以反彈說：「賺得多，那是自己從小就比別人努力付出，而不是運氣好、天生英才，不該課他重稅。」這個問題25年後，才被莫理斯解決，這也幫大家把其它被「道德淪喪」與「逆向選擇」數學求解部分困住，而無法得到好的理論分析的其它議題，也一併解決掉了。後續踩在莫理斯的肩膀上，在其它議題獲得重大進展而得到諾貝爾經濟學獎的有：2001年的「市場與不對稱訊息（analyses of markets with asymmetric information）」，2007年的「機制設計」，2014年的「對市場力量和監管的分析」，以及今年2016的「契約理論」。

社會財富該如何分配？最適所得稅該如何課？需考慮的層面太廣，也不是單從一、兩個觀點，就有辦法完全定調，但私人汽車保險契約相對單純，又可自由參加，怎麼設計才可極大化保險公司的利潤，最後又可很快地就從市場上獲得佐證，自然成為社會科學理論研究的好素材。因此，以保險契約的最適設計來當引子做理論研究，加上莫理斯跨的這個大步，眾多以「代理人模型（principal agent problem）」研究契約理

論的論文紛紛出籠。哈特和荷姆斯壯這兩位教授，當著20世紀末，這麼多頂尖的經濟學家或多或少都曾投入到「契約理論」的研究上，究竟是什麼貢獻，讓他們能脫穎而出，獲得諾貝爾獎的肯定呢？據瑞典皇家科學院發布的公開報告得到的觀察，他們選擇的角度似乎是以公司極大化利潤的最適薪資設計出發，到公司的最適大小與市場結構，到企業要民營好還是公營好，從這傳統經濟議題關心的方向為主軸，去看對他們在契約理論的貢獻。

荷姆斯壯獲獎主要是在傳統完全契約理論上的貢獻，論文之一是1979年提出的「多資訊原則（the informativeness principle）」，文章中雖以汽車保險契約為例，但聲明稿改成以公司與其經理人的合約為例，依先前莫理斯的結果，我們只注意到要給經理人誘因努力，當公司賺錢時，就要分紅利給經理人，荷姆斯壯的結果則告訴我們，所有有助於了解經理人實際付出努力的資訊都要放到紅利發放結構中，比如說經濟景氣的好壞也要納入，若大環境很好，相同性質的企業都賺，還賺得更多，那經理人的紅利分配，就要跟著調整，不可單純只跟公司賺多少錢有關。

## ○ 績效制與底薪制，孰者較好？

荷姆斯壯在1982年的論文指出另一觀點，「職業生涯考慮（career concerns model）」，付出的誘因，除了薪水，還加上履歷。所以為避免跳槽，就給短期能見成效的努力較少誘因，對公司長期有利的努力多些誘因，自然得出待在公司年資愈高、分紅報酬就要愈多。但這樣的設計對剛進公司的年輕人適用，等到了中老年時，則會出問題，這會讓即將退休的人付出努力的誘因嚴重不足。

荷姆斯壯與米格羅姆（Paul Milgrom）1991年的論文則指出，傳統最

適報酬誘因設計的另一問題，當付出程度有很多指標可以衡量時，大家就會專注在容易被衡量的部分，而扭曲真正最適當的付出配置。這大家都很有經驗，考試有考的多念點，考試不考的，雖有興趣也重要，但投入太多會被認為不務正業。所以薪資設計，最後到底是強誘因好（依業績浮動薪資），還是弱誘因好（固定薪資），還是要整體考慮，依其工作性質去取得平衡。荷姆斯壯在1982年的另一篇論文，則提出當工作涉及小組合作時，誘因如何設計的問題。

## ● 不完全契約與最適財產權劃分

不同於荷姆斯壯以源自傳統最適所得稅制、保險或雇傭契約的角度去研究契約理論，哈特以不完全契約所作的貢獻獲獎，獲獎的論文研究主軸是以1991年諾貝爾經濟學得主寇斯（Ronald H. Coase）與2009年得主威廉森（Oliver Williamson）所關注的公司最適大小問題出發，更進一步將各種涉及大企業的公司權力結構該如何設計，以提供投資或管理決策的最適誘因，來研究契約理論，甚至顛覆大家對財產權的傳統看法。

以上下游的兩間公司是否要整併成一家公司，還是要簽訂合同為例。換個角度看，也可問是直營好？還是開放加盟好？這類關於不同公司要整併還是簽約合作的問題。如果有辦法設計出最適誘因的契約，那整併帶來的好處就不大，若公司雇員工還得負擔社會責任，在商業競爭的降低成本壓力下，老闆們勢必得都往外包方向走，最後一人一間公司，通通用公司合約來代替雇傭契約，也不是不可能。會讓公司必須有一定規模的一個重要因子，哈特提出的是，很多時候完全契約的誘因設計成本太高，並不可行。於是哈特轉向不完全契約的設計問題上，透過理論模型先把財產權、控制權清楚界定，當不確定性與監督成本問題導致完全契約的誘因設計

不行時，那可選擇用不完全契約。例如可以簽約出售公司可控制的某個決定權（decision right）給對方，讓對方可以得到自己投資所帶來的全部利潤，這樣就可避免「因潛在的套牢問題而產生前置投資不足（hold up problem and under investment）」，而公司維持既有的財產權，以及合約外的所有決策控制權。哈特也研究另一方向，也就是公司財產權如何最適劃分，才能提供股東間投資的正確誘因的問題。例如負責研發的掌握產品的財產權，負責銷售的掌握門市的財產權。最後討論到公司融資時，為何會把如何營運的控制權由公司掌握，結束營運的權力由銀行掌握，銀行何時介入？這些都透過不完全契約的理論研究，提供我們更進一步的了解現實生活中的契約，大大增加用契約來代替整併的應用範圍。哈特1995年的代表作「企業、合同與財務結構」被譽為當代公司理論經典。除了公司大小與權力結構可以用契約的最適誘因設計，決定出最適形狀，哈特更進一步以監獄經營為例，從契約設計的觀點看，去決定什麼產業適合公營，什麼適合民營，以提供經營者最適誘因。

哈特與其他經濟學家，特別是格羅斯曼（Sanford J. Grossman）與穆爾（John Moore），合著的一系列論文，勾勒出契約在整個經濟學研究的大方向。哈特認為，從契約的觀點去切入現代經濟是一種非常有力的途徑，它可以從單純的兩人契約行為，一窺國際貿易的全貌。而我們更可應用他們二位的研究成果，從這一社會科學角度，來檢視台灣如何定位、與各種契約與社會制度權責誘因設計問題，發展自己最適的社會政經制度走向。

梁孟玉：時任職中央研究院經濟研究所副研究員

# 經濟與心理的「不當行為」研究

文｜馮勃翰

**理察・塞勒**
Richard Thaler
美國
美國芝加哥大學布斯商學院
（圖／Jean Lachat攝，芝加哥大學提供）

今年10月，瑞典皇家科學院宣布，因美國經濟學家理察・塞勒（Richard Thaler）在行為經濟學領域的貢獻，獲頒2017年的諾貝爾經濟學獎。賽勒去年寫了一本書，書名叫《不當行為》（*Misbehaving*）。這本書的特殊之處在於，它一方面是塞勒的自傳，一方面是行為經濟學的入門介紹。無論在自然科學或社會科學領域，一個人的傳記同時就是一個學門的發展史是一種非常罕見的情況，因此，你也就可以知道塞勒在行為經濟學上的教父地位。

## ◉ 塞勒的「不當行為」

故事要從塞勒1970年代在羅徹斯特大學讀博士班的時候談起。當時他進行了一項研究，希望能估算出「人命的價值」。塞勒設計了一份問卷，並且提供受訪者兩個情境。第一個情境是：社會上爆發某種疾病，導致每個人的死亡率都增加0.1％，現在有一種解藥吃了可以讓死亡率下降，你願意花多少錢買這種藥？第二個情境是：你好端端地生活在一個沒受疾病感染的地方，但是你的老闆想要派你冒著0.1％的死亡風險進入疫區工作，他需要額外付你多少錢，你才願意接受這樣的差事？

根據傳統的經濟學理論，兩種情境的答案都代表了「0.1％的死亡率」值多少錢，換句話說，就是「千分之一條命」的價值，因此同一個人對於兩種情境的答案應該要大致相同才對。然而，問卷結果卻完全不同。針對第一個情境，大多數受訪者不願意付超過2000美元的代價；可是針對第二個情境，卻有許多人認為至少要補償他50萬美元才夠。同樣是為人命估價，兩種方法所得到答案竟然南轅北轍！

塞勒把這個發現拿去找指導教授討論，指導教授卻叫他別浪費時間在這種事情上。不過塞勒並沒有照辦，反而開始仔細觀察周遭的世界，

廣泛蒐集各種主流經濟理論所無法解釋的現象。在塞勒的自傳中，他將這些異狀稱之為「不當行為」。

有哪些行為屬於「不當」呢？比方說，史丹利對花粉過敏，可是每個週末卻忍著過敏在自家院子割草，不願意花10美元的金額雇一個人來代勞。當史丹利被問到如果鄰居出20美元請他割草，是否願意幫忙？他的答案卻是斬釘截鐵的不願意。這裡出現一個很弔詭的問題，如果史丹利不願意花10美元請人幫忙割自家的草，似乎表示他的時間成本（外加忍受花粉過敏的痛苦）不值10美元，另一方面鄰居用20美元卻請不動他，表示他的時間成本比20美元還貴。究竟為什麼一個人的時間成本可以同時比10元便宜，卻又比20元貴？

又比方說，在暴風雪天裡，為什麼拿到免費贈票的人會放棄出門去球賽，但是自己花錢買票的人卻執意冒著危險出去，只為了把球票的錢「賺回來」？經濟學原理不是都教我們，花出去的錢是潑出去的水，已經是「沉沒成本」，所以如果天候不佳開車太危險，無論是別人送票或自己買票，都不應該出門？

此外，開派對的時候，大夥怕先吃零食反而吃不下主菜，所以乾脆把零食收起來，免得吃個不停。這不對呀！經濟學原理說，人的選擇愈多愈好，因為如果多出來的選擇你不喜歡或認為不應該選，永遠可以不要選。不過，現實似乎不是如此，我們常常會缺乏意志力，吃的永遠太多，存錢永遠不夠，想規律運動卻每天立志從明天再開始吧。在塞勒眼中，各種「不當行為」層出不窮，問題到底出在哪裡？

## ● 從經濟學發展的脈絡談起

19世紀著名的經濟思想家馬歇爾（Alfred Marshall）曾經在《經濟

學原理》（*Principles of Economics*）一書中下了一個定義：「經濟學旨在研究人的日常生活，包括他如何賺取財富和使用財富，所以經濟學一方面是在研究財富，一方面是在研究人。」正因如此，經濟學一直都是一門入世的學問，無論是亞當・斯密（Adam Smith）或凱因斯（John Keynes），都是在透徹觀察真實世界的「人類行為」，並且藉此形成他們的理論。但是這種狀況在1930、40年代出現改變，經濟理論的建構開始轉向數學模型分析。為了數學分析的需要，經濟學家開始廣泛假設模型裡的「人」永遠會竭盡所能地根據利益最大來做選擇，而這種凡事求最佳化的態度被稱為「理性」。當年困擾著塞勒的問題就是，活生生的人是有感情、有靈魂的個體，他們的行為真的可以用「理性經濟人」的模型來描述、解釋，以及預測嗎？

從前面提到的幾個「不當行為」來看，事情似乎不是這樣！其後塞勒認識了康納曼（Daniel Kahneman，2002年諾貝爾經濟學獎得主）與特維斯基（Amos Tversky）等心理學家，從他們的研究中驚訝地發現，活生生的人不但在做決策時會犯錯、有慣性，而且從認知到決策，這些錯誤是有系統、有規律的，可以被分析和預測。這樣的發現帶給塞勒莫大的衝擊，讓他開始思考如何將「人性」納入經濟學的研究方法。在往後的學術生涯裡，他要結合心理學來分析真實世界裡有缺陷、有弱點的人如何進行各種經濟行為，而不是只聚焦在數學模型裡的「理性經濟人」。

這樣的研究方向讓當年的塞勒被學界大老認為是離經叛道，他的多篇論文也曾經難以在主流的頂級期刊上發表。塞勒在1974年拿到博士，卻一直要等到1980年，他才找到期刊願意出版他的第一篇論文，還是新成立的期刊。即便到了90年代，塞勒的成就已受到許多肯定之後，當頂尖的芝加哥大學商學院延攬他時，另一位也拿了諾貝爾獎的米勒

（Merton Miller）還是公開表示反對，認為芝大做出了錯誤的決定；而在某一場演講中，法律經濟學的重量級學者波斯納（Richard Posner）則站起來當面對塞勒說：「你不科學！」

從某種程度上來說，塞勒的學術生涯像是一部英雄旅程的電影，從好奇出發，帶著求知求真的心志對抗權威。這個過程中，他和康納曼等一群心理學家，以及席勒（Robert Shiller，2013年的諾貝爾經濟學獎得主）等經濟學家一起，逐步認識了行為經濟學的每一個重要發現，諸如稟賦效應、心理帳戶、自我控制、過度自信、人對公平的感受等，這些觀念可以被用來重新理解社會現象、消費心理、商業決策、股票交易、金融危機等各種問題。到今天，行為經濟學已經從當初一小撮人所熱衷的「邪魔歪道（這是塞勒自己的說法）」，成為了經濟學研究的新典範。許多學者前仆後繼為這個學門建立起更扎實的理論與實證基礎。塞勒亦在2015年擔任美國經濟學會主席，在過去包括傅利曼、貝克、高伯瑞以及沈恩等經濟學大師都坐過這個位子。

塞勒帶來的貢獻主要有哪些呢？其大致可以分成三個主軸。

## ● 人類理性的限度

塞勒的第一支研究主軸是關於人類理性的限度（limited rationality）。他發展出一套「心理帳戶（mental accounting）」的概念，強調人在做金錢決策時，往往在心中設立許多不同的帳戶，例如以資金的使用分成「房貸」、「度假專用」、「退休基金」等不同帳戶，或是以資金的來源，分成「薪水」、「獎金」、「意外之財」等。人在思考用錢時，可能會聚焦在個別「帳戶」中資金的使用而非著眼於個人財務的整體規劃。比方說，很多人在花薪水時通常會精打細算，但如果是因為彩卷中獎或是工

作績效得到獎金，可能就會花得非常隨意。但是從傳統經濟學的角度來看，1000元的薪水、1000元的年終獎金和1000元的彩卷獎金在使用上不應該有任何區別。不只如此，心理帳戶的存在也有可能為個人的財務規劃帶來額外成本。比方說，一個人可能一方面存著一筆錢不動，當做是退休後花用的基金，一方面又用接受了較高的貸款利率去支應一些急用的開銷。

人的心理帳戶有一個特色，就是我們的金錢決策會根據「參考點」的不同而有所差異。這是什麼意思呢？打個比方：我們去到A百貨公司買手錶，到了A百貨公司才發現對同樣的那款手錶，B百貨公司便宜100元。這時候，如果我們要買的手錶金額是在1000元左右，我們多半會為了100元的差價趕去B百貨公司；但如果我們要買的是價值10000元左右的高價手錶，我們大概會留在A百貨公司買完就算了。從傳統經濟學的角度來看，無論我們要買多少錢的手錶，100元的差價都是我們花時間從A百貨公司趕去B百貨公司所能「賺到」的錢，因此我們是否要跑去B百貨公司這個決策，不應該受到購物金額所影響。但事實上，我們想買的手錶的金額，成為了決策的「參考點」，而許多人是從參考點出發，根據差價能幫他省下多少錢的百分比，來決定他要去哪裡購買，而非根據絕對的金額做決策。

## ● 稟賦效應

同樣在「心理帳戶」這個領域，塞勒還發展了一個概念，叫「稟賦效應（endowment effect）」，指的是人會覺得已經擁有過的東西價值更高，高過自己尚未擁有的同樣物品。舉例來說，你有一台使用過半年的筆電因故想要出售，你可能在網拍平台上不太願意便宜賣；但是當你以買家

身分看到網路上有一台使用了半年、狀態相同的同款筆電要出售，你卻不願意用太高的價格去買。

關於稟賦效應，塞勒和康納曼、柯內許（Jack Knetsch）一起做過一個知名的實驗。他們將受試者隨機分成兩組人，其中一組人每人發一個漂亮的馬克杯，另一組人空手，然後讓兩組人自由交易。理論上，拿到馬克杯卻不太喜歡的人，可以把他的杯子賣給沒有拿到馬克杯卻想要杯子的人。因為一開始是隨機分組，因此平均來說應該會有一半的人願意交易馬克杯。但是在實驗中，交易發生的比例遠低過一半，而且，一開始拿到杯子的人平均來說最低願意用5塊美金左右賣杯子，一開始空手的人平均來說最高卻只願意用2.5美金買杯子。實驗者在一開始把杯子分配給誰，實質上影響了杯子最後的歸屬，而有杯子的人的「願受價格」高過空手的人的「願付價格」，就是所謂的稟賦效應。

稟賦效應的背後，是另一個更加根本的心理學發現，名為「損失趨避（loss aversion）」，意思是人對於「失去」某樣東西所感受到的痛苦，往往會遠高過「得到」同樣東西所得到的快樂。而這個損失趨避的心理，就造成了塞勒在做「人命的價值」問卷式研究時，受訪者為了增加0.1%存活率（即降低0.1%死亡率）所願意支付的價格，往往會遠低過降低0.1%存活率所要求得到的補償。

心理帳戶和稟賦效應在生活、商業和財務領域都有不同的應用。比方說，現在我們知道我們在大採購時，心中所放的參考點不同，會影響我們對於價值的認定。理解這點你就可以嘗試調整自己的參考點來讓自己的消費更節制，或是去破解商家的促銷手法想要帶給你的心理效果。又比方說，股票市場上的投資人往往是根據股票售出後所實現的獲利或損失來定義他心目中投資的賺與賠。這樣往往導致了投資人持續抱著價

格下跌的股票不放，期待情況能好轉，同時對於情勢看好的股票又太快出脫獲利了結。賽勒在這個領域還有許多其他的發現，諸如人的個別經驗會影響到他們對於風險的判斷等等。這些發現都可以幫助我們在理財上避免常見的錯誤，或是規劃得更聰明。

## ● 人的社會偏好

塞勒的第二支研究主軸是關於人的社會偏好（social preferences），具體來說，人出於人性，會在意交易或資源的分配是否公平，而對於公平的偏好，又會影響到他們的決策與消費行為。塞勒曾經和康訥曼與柯內許一起做過一項研究，問受訪者以下這個問題：「在一場突如其來的暴風雪過後的隔天早上，商家將鏟雪用的售價調高三分之一，您認為這樣的漲價公平嗎？」在他們收到的答覆中，有18%的人覺得可以接受，82%的人覺得不公平。

不僅如此，塞勒進一步的研究指出，有的人寧可犧牲一點自己的利益也不願讓不公平的商家得利，有的人甚至願意花上一點代價去懲罰不公不義的人。在生活中，廠商若給人定價不公的觀感，有可能損及企業形象，進而影響到長期的消費者品牌忠誠度，而消費者也可能集體去抵制那些曾經生產黑心商品或苛待勞工的廠牌。

因此，廠商若能理解人性天生會在意公平的那一面，他們營商或定價的方式就需要做出調整。讓我繼續拿雪鏟的問卷情境來舉例，根據經濟學最基本的供需法則，某個商品如果需求上升，在供給不變的情況下，價格要調漲本來就是天經地義的事情。如果不調漲，需求增加會造成有人想買而買不到；因此價格應該要上漲到足以讓每個願意支付漲價部分的人都能買到雪鏟，這樣可以確保雪鏟能賣給最願意付高價買它的人。

但是，面對天災造成的需求上升，商家如果照著經濟學原理的建議去漲價，反而會帶給人發災難財的負面感受，所以真正懂消費者心理的廠商不應該、也不會在這個時候漲價。

Uber的形象也曾因同一個原理受創。Uber的營運就標榜搭車費率並非一成不變，價格會根據供需狀況機動調整。如果想搭車的人多，開車的人少，透過車資機動調漲可以吸引更多司機去開車，進而解決供應不足的問題。不過，曾經有媒體批露Uber的搭車熱門時段的車資漲幅高達10倍，引發強烈的負面觀感，也讓Uber失去不少生意。

## ● 人的自我控制能力

塞勒的第三支研究主軸，是關於人的自我控制能力。我們幾乎都有過這樣的經驗，下定決心要節制飲食、規律運動、早睡早起、按時完成工作進度、多存錢，或是減少對科技產品與社群網站的沉迷，但最後卻因為「意志力」不夠，難以持之以恆。我們往往覺得有些事該做、做了對我們是好的，比方說，為退休後的生活規劃足夠的儲蓄，但我們卻做不到，或是會想，明天再開始吧！

塞勒研究意志力不足的問題，提出了一套理論分析架構。在這個分析架構中，每個人都有兩個自我，一個是向前看，關心自己長期的福祉的自我，稱之為「計畫者」；一個是活在當下的，衝動、感情用事而容易被誘惑的自我，稱之為「行動者」。這兩個自我互相拉扯，偏好不一致，會產生矛盾。

因此，在做決策時，我們可以把每個人心中的「計畫者」和「行動者」看成是一個賽局裡兩個不同的參與者。比方說，你心裡的「計畫者」可能告訴你應該規律運動、每星期上健身房3次，但是「行動者」卻跟你說，

這禮拜歇歇吧,從下禮拜再開始。

　　掌握到兩個自我的本質,我們就能夠找到應對的方法,戰勝自我。比方說,你可能家裡只要有零嘴,就容易吃個不停,而此時你能做的事情就是,盡量不要買零食放在家裡,這樣一來,在你心中「活在當下」的行動者想要你多吃的時候,你手邊並沒有零食可以自由取用,計畫者贏了,減肥成功。

　　塞勒對於行為經濟學的探索雖然是從學術出發,但是他並沒有把自己關在象牙塔中。他在年輕時,就曾經運用自己發明的「心理帳戶」概念,幫助一家陷入財務危機的滑雪場重新設計票價和服務,並且透過高額折扣的套票方案創造顯赫的預購業績,成功轉虧為盈。而後他不但是美國前總統歐巴馬的經濟顧問,也帶著對人性的洞察投入金融市場的研究,和席勒共同開創了「行為財務學」這個嶄新學門,為股票、基金,以及各種金融性商品的價格與投資帶來更寫實,也更有預測能力的理解,同時也幫助投資人在決策時避免過度自信、買高賣低等各種誤區。

　　但是塞勒所做的還不止如此,他又進一步思考:既然人性有弱點,我們能不能運用人性的弱點來推動良好政策,達到一些立意良善的目標?

　　他特別關心的一個議題是,為什麼許多人無法存到足夠的退休金,以致老年時陷入經濟困境?為此,塞勒提出幾個政策性建議來鼓勵更多美國人加入由雇主提供的退休金計畫,例如401(k)退休福利計畫。他的概念很簡單。傳統的做法是,員工若有意願入這類計畫,必須填寫一大堆表格,設定薪水要投入儲蓄的趴數、錢要如何投資等。多數人面對這樣的表格就望而生畏,或是懶得填,導致參與率很低──即便從精算的角度來看,參與這類儲蓄計畫其實非常划算。塞勒提供的解方也很簡單,首先,他建議企業直接預設員工願意用一個很低的儲蓄率加入,比方說

薪資的3%，但是提供員工退出計畫的選擇權。光憑預設值的改變，許多企業的員工參加退休儲蓄方案的比例就提高了數十個百分點。

不過，塞勒還面對了第二個問題，就是即使員工參加儲蓄計畫，他們儲蓄率還是太低。你覺得每個月存下薪資的3%就足夠支應退休後的生活與醫療嗎？根據計算，一般人需要從薪資中撥出10～15%投入退休儲蓄計畫才夠。那麼，要如何讓人自願儲蓄這麼多呢？大多數人在有錢的時候，還是會傾向多花，心想等以後有更多錢了再存，然後一拖再拖錢就存不夠了。這就是典型地自我控制力不足的問題。為此，塞勒提出了聰明的解方，就是「明天存更多」方案。他讓參加退休儲蓄方案的員工事先承諾，從下一次加薪時開始，提高退休儲蓄的比例，而大多數人會覺得，這樣做是好的，而且提高儲蓄是從「未來」開始，於是就簽字做出承諾，讓今天的自己去綁定未來的自己存更多，進而解決儲蓄率不足的問題。塞勒應用他在行為經濟學的發現，大幅增加了參與退休儲蓄的人數和儲蓄金額。

諾貝爾經濟學獎有一個特色，那就是他們非常重視得獎者所帶來的學術發現，是否真的能經世濟民、提高人類社會的福址，從這個角度來看，塞勒可以說是實至名歸。如果你想進一步認識行為經濟學，也可以去讀塞勒的著作《不當行為》；行為經濟學可以幫助你建立一套看世界的新觀點，帶你掌握人性、善用人性，做出聰明的決策。善用這些觀念，也能讓社會更美好。

馮勃翰：時任教於臺大經濟系

## 不理性的經濟學家

賴昭正│清大化學系教授、系主任、所長；合創《科學月刊》。

筆者在〈經濟學是科學嗎〉一文裡（《科學月刊》2014年5月）裡，曾談到2013年的經濟學諾貝爾獎同時發給了兩位看法「南猿北徹」的經濟學家：其中一位是芝加哥大學理性經濟學家法瑪（Eugene F. Fama），另一位則是耶魯大學的非理性經濟學家席勒（Robert J. Shiller）。今（2017）年諾貝爾經濟學獎得主塞勒（Richard Thaler）也是一位屬於非理性的經濟學家，奇怪的是：他也是芝加哥大學的教授！

諾貝爾經濟學獎於1969年設立，在48年（至2017年）的頒獎中，總共有24年均有當時在芝加哥大學任教或研究的經濟學家（共34人），其比率之高，可說前無古人、後恐也將無來者。「芝加哥經濟學派（Chicago school of ecomomics）」是一個理性的經濟學說，它認為經濟活動是理性的，因此政府的干涉愈少愈好。塞勒得獎後，有人問他為什麼會於1995年加人可以說是理性經濟學家之聖地的芝加哥大學時，他回答說：「我知道我是到了一個戰場，但我認為那是對他們及我都是好的。提升自己能力的最好方法就是與最棒的人對論。」

儘管他與法瑪在許多公眾場合辯論過，但他們還是高爾夫球球伴。EcoLog編輯漢德森（D. R. Handerson）謂：「我們常看到知識分子互相攻擊和取笑，甚至屏棄；但從塞勒與法瑪的辯論語氣中，可以卻看出他們是非常尊重對方的。」塞勒開玩笑的說：「他得諾貝爾獎後的一大好處是，他從此可以不必在球場上以『法瑪教授』稱呼其好友了！」

有人問他將如何使用這筆「意外」（事實上並不「意外」）之財（約110萬美金）時，塞勒回答說「我將盡量非理性地花掉它！」

# 環境與知識的外部性

文│莊奕琦

威廉・諾德豪斯
**William D. Nordhaus**
美國
美國耶魯大學
（圖／Michael Marsland攝，
耶魯大學提供）

保羅・羅莫
**Paul M. Romer**
美國
美國紐約大學史登商學院
（圖／紐約大學史登商學院提供）

在全球金融風暴後，世界經濟復甦的腳步緩慢、反全球化保護主義的逆襲和邇來中美貿易戰觸發瀰漫的不穩定性波動，讓全球長期發展令人堪慮。另一方面，溫室效應與氣候變遷對人類生存帶來前所未有的威脅，聯合國日前發布的報告緊急呼籲全球氣候變遷問題已日益嚴重，對應政策處理刻不容緩。有鑑於此，今（2018）年的諾貝爾經濟學獎頒發給美國耶魯大學（Yale University）的威廉‧諾德豪斯（William D. Nordhaus）與紐約大學（New York University）的保羅‧羅莫（Paul M. Romer），表彰他們長期在總體經濟學上的創新、發展與永續等學術貢獻，將氣候變遷與科技創新融入長期總體經濟分析，使人類社會更有機會實現永續的全球經濟成長。兩位經濟學者的得獎，實深具意義。

## ◉ 諾德豪斯的永續性經濟

諾德豪斯，1941年5月31日出生在新墨西哥州（State of New Mexico）最大城市的阿布奎基市（Albuquerque），為德國猶太家族後裔，其祖父於1883年移民到美國。1963年取得耶魯大學學士學位，後來到麻省理工學院攻讀博士，指導教授即是1987年諾貝爾經濟學獎得主，也是新古典成長理論（neoclassical growth theory）的創始人梭羅（Robert M. Solow），並於1967年取得博士學位。無獨有偶，其博士論文〈一個內生技術進步的理論〉（A theory of endogenous technological change）正是日後羅莫開創內生成長理論（endogenous growth theory）的主要議題。

博士畢業後，諾德豪斯便待在母校耶魯大學擔任教職，擔任過院長和副校長等行政職；1977～1979年間曾為卡特（Jimmy Carter）總統時代經濟顧問委員會的成員；2014～2015年也曾擔任聯準會波士頓分行理事會主席。除專業學術著作等身外，他與已故經濟學家、同時也是1970

年美國首位取得諾貝爾經濟學獎得主薩穆爾森（Paul Anthony Samu-elson）合著的經濟學教科書已出版至第19版，且被翻譯成17種國際語言流通，受該書影響的學生無數，誠可謂桃李滿天下。1972年，他與同任教於耶魯大學、1981年諾貝爾經濟學獎得主托賓（James Tobin）合作，撰寫〈成長是否過時了？〉（Is Growth Obsolete?）的論文，引進永續經濟福利的衡量指標，是第一個提出具永續性經濟福利評量的模型。

## ◎ 從經濟學看氣候變遷與溫室效應

　　不僅如此，諾德豪斯也是研究氣候變遷經濟學的先驅，他認為氣候變遷如同公共醫療或國際貿易，是一種全球性公共財（global public goods），故建立數理模型評估和模擬氣候變遷造成的社會成本代價，結合經濟產出、能源使用與環境變遷3個面向互動關係，先後提出的氣候經濟動態綜合模型（Dynamic Integrated Climate-Economy model, DICE）與氣候經濟區域綜合模型（Regional Integrated Climate-Economy model, RICE），成為1990年代中期第一個提出「整合性氣候變遷評估模型（integrated assessment model, IAM）」的經濟學家，該模型被實務界廣泛地應用並影響實際政策的走向。

　　溫室氣體排放是一種負面的外部性，會帶給社會無謂的損失，如何將其市場化、賦予溫室氣體排放的市場價格是最有效的解決方法。實務操作上，即是建立污染總量管制與可轉讓許可證配額在市場買賣，一方面控制污染總量的排放，並確保讓處理污染最有效率（即污染成本最低）的廠商生產。諾德豪斯的研究則有助於此制度的評估與定價，進而延伸至全球溫室氣體排放控制，他提出的解決方法為全世界所有國家共同推行的碳稅制度（universal carbon taxes）。

最近，諾德豪斯的研究團隊利用DICE模型在2016年12月的報告指出，若未能有效提出應對氣候變遷的政策，很可能使氣候變遷在下個世紀迅速發生。同時表明，即使近期推出雄心勃勃的政策，要實現2°C的國際協議目標仍是非常困難的，因為當前目標所需的碳價正隨著政策實施所需時間的推遲而不斷增加。

另外，諾德豪斯也親自參與草擬美國「清潔空氣法案（Clean Air Act）」的部分條文，讓政府對於污染源得以管制和課稅，在歐巴馬政府時期針對氣候變遷的管制提議也曾引用該法案。現在，國際上各項氣候變遷會議，如京都議定書或巴黎協議的政策評估均為建立在此整合性氣候變遷評估模型的基礎上。另外，傳統國民所得會計帳完全忽略生產過程帶來的環境破壞與自然資源的耗竭，諾德豪斯的研究則可改善並建立所謂具永續概念的綠色國民所得帳（Green GDP）。

## ◎ 羅莫的內生成長理論

羅莫，於1955年11月6日出生在科羅拉多州（State of Colorado）的丹佛市（City and County of Denver）。父親曾是科羅拉多州長，弟弟也曾任該州的參議員，堪稱政治世家。羅莫年少時就讀著名的菲利普艾斯特中學（Phillips Exeter Academy），美國總統林肯（Abraham Lincoln）也曾送兒子至此校就讀，該校以強調減少教師干預使學生能多獨立學習而聞名。中學畢業後，羅莫於芝加哥大學（University of Chicago）先後完成學士、碩士與博士學位。雖然身處政治世家，但大學時期為遠離政治還刻意選擇數學專業就讀，後來以經濟學作為學術研究的基礎，也算是回到政治與經濟的家族領域。

1983年，畢業後的羅莫先到羅徹斯特大學（University of Rochester）擔任助理教授，因其在學術上的創見性與前瞻性，傑出的羅莫在1988年便被母校芝加哥大學以專任教授職延聘，實屬罕見[1]。筆者就讀芝大博士班時曾選修他所教授的總體成長課程，主軸便是運用一般均衡分析的內生成長理論。可惜1990年羅莫就以妻子不適應當地環境為理由而離開並前往加州，還因此寫了一信封給系裡的老師和研究生，讓大家甚感錯愕。而在落腳紐約大學之前，也曾在加州大學柏克萊分校（University of California, Berkeley）與史丹佛大學（Stanford University）任教過。

在1950年代時，由美國麻省理工學院（Massachusetts Institute of Technology, MIT）的梭羅提出的新古典成長理論，開啟現代經濟成長理論的先河，以數理模型刻畫經濟成長為一資本累積的動態調整過程。此模型可以解釋後發國家快速追趕的成長（catch-up growth）優勢，但必須靠外生的技術進步（exogenous technological change）才能維持一國長期的經濟成長，此前沿貢獻也是讓梭羅贏得1987年諾貝爾經濟學獎的主要原因。但如何將技術進步內生化為理論進一步突破的關鍵，然而，這項突破卻等了三十年。到1980年代，羅莫在芝加哥大學的博士論文研究強調外部性、遞增規模報酬與無限成長的可能，該文隨後於1986年發表在《政治經濟評論》（*Journal of Political Economy*）期刊上，強調知識與創意（ideas）的非排他性（nonexcludability），因為知識的擴散可以降低創發新一輪創意的成本而帶來更多新創意，即創意具有規模報酬遞增（increasing return）特性，而擺脫新古典生產函數的資本邊際報酬遞減（diminishing marginal return）的鉗制。

1990年，則在同期刊發表〈內生的技術進步〉（Endogenous Tech-

---

1 芝加哥大學有一個傳統，凡畢業的博士生不能直接留在母校任教，必須在他校小有成就證明實力後，才有可能被母校肯定進而延攬。

nological Change），更進一步引入知識的非敵對性（non-rivalry），將知識的產生區分為人力資本（human capital）和創意，如同實物資本、人力資本累積依然受制於規模報酬遞減，但創意的產生則因知識的非競爭性、透過彼此分享可降低各自獨立研究的成本而帶來規模效果（scale effect），使新的創意不斷產生，生產力亦不斷提升。該論文的最大突破是只需要一般實務上普遍觀察得到的固定規模報酬（constant return to scale）即可，而不需要依賴遞增的規模報酬促進成長。因此，一個國家的經濟能否長期成長取決於有多少比例的人力資源投入在創意生產上。當然，更多的人投入生產創意，短期可從事實物生產的人力就會減少，產出亦減少。但是，長遠來看則會因創意帶來的生產力提升，反而使未來的總產出增加，帶動長期成長。這兩篇文章奠定內生成長理論的誕生，又稱新成長理論（new growth theory）。有別於外生或新古典成長理論，更開啟至今已不下數千甚至上萬篇的後續研究。

## ● 經濟學的延伸應用

除學術研究外，羅莫在實務界也有相當的參與。2001年，開發一套稱作Aplia的經濟需求與供給模型分析工具，提供大學生線上習題的解答，普受歡迎，後來在2007年將其賣斷變現，也算是一項實務投資的收入成果。2009年，在TED的演講中，羅莫應用非敵對公共財（non-rival public goods）的概念提出承租城市（charter cities）的構想，認為開發中國家可透過政治管理外包，由法律與制度較完備的先進國家來治理，人民則用投票決定去留。羅莫甚至還一度成為宏都拉斯（Honduras）欲推行此類承租城市計畫透明委員會（transparency committee）的主席，後來因宏國政府在整個決策過程並未徵詢委員會而於2012年9月辭去該職。

　　2016年10月，羅莫則擔任世界銀行（World Bank）的首席經濟學家（chief economist）與資深副總裁，但因與世銀理念不合，包括對智利經商容易度的國家排名報告，認為計算方法上有政治算計動機的嫌疑、研究報告的寫作規範要求與行內既有文化扞格等，只任職15個月後便於2018年1月掛冠求去，其不易與環境妥協的獨特個性可見一般。

## ◎ 結語

　　諾德豪斯與羅莫是利用數理模型與數量方法說明市場經濟如何影響自然環境或知識的累積，也均跳脫傳統投入產出的生產模式，使用更多投入不必然帶來更多的產出，強調環境與知識等公共財的負面或正面外部性。這種非排他性與非敵對性又如何影響人們的選擇決策，從而對經濟的長期發展產生影響，以及該採取何種應對的公共政策。兩位的貢獻讓人類有長期成長而永續發展的思考，避免最後帶來自我的極限或甚至毀滅的地步。

　　當然，一如過往諾貝爾獎的肯定，得獎者的創見不僅增進人們的新知識和對周遭生存環境的了解，更重要的是，帶動前仆後繼的研究風潮，朝增進人類的福利方向努力不懈，這不正是諾貝爾獎成立的初衷！

莊奕琦：時任教於政治大學經濟系

# 微觀田野實驗對抗全球貧窮

文｜莊奕琦

人類社會中，每個人都討厭窮，都努力往富有的目標邁進，
為此，經濟學家也努力研究此問題，期望讓世界能脫離貧困。
如何對抗貧困，政策討論、制度調整或社會改變，
或許將會是此問題的解方？

艾絲特・杜芙若（左）　　阿比吉特・巴納吉（右）　　克雷默
Esther Duflo　　　　　　Abhijit Vinayak Banerjee　　Michael Kremer
法國、美國　　　　　　　美國　　　　　　　　　　　美國
美國麻省理工學院　　　　美國麻省理工學院　　　　　美國哈佛大學
（圖／Bryce Vickmark攝，麻省理工學院提供）　　（圖／Jon Chase攝，哈佛大學提供）

經濟發展追求成長固然重要，但消除貧窮與所得不均更是維持永續與穩定成長的要件之一。2018年，諾貝爾經濟學兩位得主之一、任職於紐約大學的羅莫（Paul Romer）因提出了內生成長理論（endogenous growth theory），解釋長期經濟得以成長的內生技術進步機制而得獎。

而今（2019）年，諾貝爾經濟學獎則頒給美國麻省理工學院一對夫妻檔——阿比吉特・巴納吉（Abhijit Vinayak Banerjee）與艾絲特・杜芙若（Esther Duflo），以及美國哈佛大學的克雷默（Michael Kremer），表彰他們在發展經濟學（development economics）上實證方法的突破，並從政策評估研究中探討如何讓政策更具有效力，提出降低全球社會貧窮的務實作法與新政策。羅莫提出宏觀的成長動能理論機制（growth mechanism），今年三位得主則進行微觀的田野實驗檢測不同政策的效力（policy efficacy），兩者相得益彰，呈現學術研究的多元性、豐富性與互補性。

## ● 從實驗推估政策效力

理論上，醫療與教育的人力資本（human capital）投資不僅可以促進一國長期的經濟成長與發展，對個人而言更可以提升其生產力與所得，達到消除貧窮與促進社會階級的流動。但實務上應該如何來做？實證上又該如何區別不同政策效力並提出量化上的具體差異，就顯得非常重要，這正是本屆三位得主的重要貢獻之處。

這三位得獎學者採用隨機的實驗控制研究方法（randomized controlled trials），實驗比較組（treatment group）與控制組（control group）的不同表現，推算得到不同政策的效力差異。此種隨機實驗做法在自然科學早已普遍採用，尤其在醫藥領域，在經濟學其他領域，例

如財稅與勞動經濟也多有所應用，但在發展經濟學的研究上，則是經過三位學者自1990年代以來的巧思應用，才得到相當顯著的發現和具體成果。尤其在做法上將研究的問題聚焦縮小範圍與採用小群體樣本，利用醫療與教育落後的開發中國家，例如印度和非洲國家的偏鄉地區，以類似實驗的方式進行田野調查，將不易量化的人力資本概念具體擬出不同的醫療與教育的微觀政策，設計研究問項觀察透過不同誘因機制、提供的資訊與個別的行為反應結果，以評估不同政策的效力。

## ● 田野實驗的操作機制

一般跨國研究最多只能考慮跨國間的異質性，但無法考慮一國間投入生產因素的異質性，尤其是中低收入國家為什麼有些廠商可以採取高級技術，而有些廠商卻只能用低級技術？即同樣的生產要素使用為何會有不同的投資報酬率？顯然同樣生產要素因面臨異常不同的投資機會導致異質性的投資報酬率，而歸咎其原因主要為資源的錯置分配，包括信用限制、保險失敗、外部性、家庭結構因素和個人行為等或錯誤的政策使然。這樣的市場資源錯置也就能說明為何落後或開發中國家的經濟發展會如此不同於先進國家。

三位得獎者的先導性研究採用微觀個體資料，並利用隨機性控制的田野實驗來了解如何在不同誘因機制、訊息和行為限制下影響人們的行為選擇，以說明為什麼廠商未能採用更高級或更有效率的技術，或為何個人未能獲取更好機會的原因。在醫療衛生上，為何效率極高的預防性醫療（如疾病疫苗施打）並未在低度開發中國家廣泛採用？已經證實有效且低成本高品質的醫療未被採用或未能出現的原因為何？如何確保以更低的成本採用？

不同於傳統的實證研究只能觀察已經發生的事件，田野隨機實驗可用在本地尚未發生的事項並以實驗的方式檢測，即如果應用在本地發生會產生什麼處置效果（treatment effect）。所以，方法上則利用反事實（counterfactual）的概念，即建構參與實驗者若未參與結果會如何、或未參與實驗者若參與則結果又會如何、以此來評估採用特定政策的效力。田野實驗尚可進行一系列前後政策依序的連續影響，擴大政策研究的面相和廣度。因為該實驗設計的完善與否必須有相當的實務經驗支撐，也迫使研究者必須跟現實狀況連結，不能只是在象牙塔裡做學問。這種與實務連結的田野實驗雖然需要理論的指引，但往往不會受限於現有的理論，研究的新發現通常也能啟發新理論的建構，且研究的成果更可提出適合國情或因地制宜的政策建議，讓效益達到最大。

## ◉ 他們的研究結果

藉由研究，他們發現教育上多僱用一個臨時教師要比採用小班制教學更能有效提升教育品質；多上一天課或增加課程教材並不會提高學生平均的學習成績，只會提高能力強的學生的考試分數，但針對特定弱勢學生的課後輔導則有顯著的學習成效；如果學生考試成績好就給予教師獎勵的誘因並不會提高學生的學習成效，反而造成老師為考試而只教考試的內容，並不能真正增加學生的學習。總的來說，調整教學內涵以符合學生的需求、改善學校治理與要求教師課責等，可有效提高學習成效。

關於醫療，窮人對於預防性醫療的產品具有非常高的價格彈性，故免費提供或補貼預防性醫療的產品則更能夠促進窮人的醫療投資，改善並避免窮人負擔治療疾病的高費用支出。當存在有限理性（bounded rationality）下而更偏好關心現在（present bias）心態，則暫時性補助反

而比恆常性補助更具效力。例如在南非的小型農夫為何不採用報酬率較高的新技術如採用肥料？初步發現是因肥料使用量需要一定時間學習才能獲得效果以致未能廣泛使用，再進一步實驗研究則發現，這些農夫偏好現在的心態以致總是延遲購買肥料至最後期限，而到最後期限時又因沒耐心而不買了。這些田野教育和醫療實驗結果充分顯示：增加教育或醫療資源並不必然帶來提高教育或醫療品質的效果，應該將資源投入在真正具有效力的政策上才能確保成功。

另外，微型貸款（microfinance）一般認為有助窮人投資與新創企業的出現，可以減緩窮人的信用限制（credit constraints），故有利經濟的發展[1]。但印度的田野實驗結果對此並未獲得大幅且正面的支持，研究發現微型貸款的確會增加家計單位的貸款，但因而會替代一些非正式的私人借貸，故總貸款量增加不大。況且，微型貸款也不會增加新創投資，而是增加既有事業的投資，投資的利潤也未必比由其它形式的投資貸款高，對於人均消費、教育或醫療等與發展相關的支出也無顯著效果。

另外，在鄉村的政治領袖，不同於男性領導人著重教育，女性領導者會偏重於供水與道路的興建；而且保障女性領導人地位將增加更多女性從政的機會，同時改善女性不能作為成功領導人的刻板印象。增加一位女性主管的就業，將可大幅提高部門決策的品質與效力等結果。值得一提的是，人力資本，尤其是醫療保健及教育投資，彼此間存在非常高的關聯性與互補性。例如，醫療保健降低死亡率和延長預期壽命，將延長教育投資的效益；降低嬰兒猝死率會促使生育率下降，由增加小孩數

---

1　孟加拉經濟學家穆罕默德‧尤努斯（Muhammad Yunus）和他所創建的孟加拉鄉村銀行（Grameen Bank）因為推行微型貸款和微型金融給無法從傳統銀行貸款的窮人可以獲得創業貸款，同獲 2006 年諾貝爾和平獎。

量轉為提高每人質量的教育投資。教育程度愈高也會收集更多的醫療資訊而投資更多的醫療保健，而教育程度愈高的母親也愈會增加小孩的醫療投資。總之，健康的身體會提升學習的效率，教育提高也會更有效地利用醫療資源增進身體的健康，兩者存在互相加乘的綜效。

三位得獎者的微觀實證研究從小處著手，可以更細緻的得到不同人力資本投資的政策效力與政策建議，大幅改善公共政策的決策品質，對於全球社會貧窮的消除有極大的貢獻。雖然這樣特定地區、時間、人群的小規模田野實驗，其研究結果是否能推論適用到大規模和更一般化的情況，仍存在爭議。但透過擴大規模或不同區域的多元或多階段的循序實驗，可以提高其一般的適用性與準確度，三位得獎者的研究無疑的將帶動更多後續的研究，擴大人類的知識與提高決策的品質。

## ● 從經濟獎看台灣政策

台灣的教改實行多年，政策上多只著重在改變篩選學生的制度設計，而忽略了本質上的政策機轉如何影響個人的選擇與表現，從而效果不彰。全民健保雖然讓包括低收入與弱勢者均受惠，但醫療支出持續攀升與醫療資源不當誘因的濫用造成財務負擔困境和降低醫療的品質，醫療保健改革應著重在疾病的預防重於治療以及如何強化採取預防性醫療的誘因，才能達到低成本高效益目標。三位得獎者的小規模田野實驗研究取向與評估方法，十分值得公共政策的擬定者與執行者深思。

莊奕琦：時任教於政治大學經濟系

# 揭開「同時多回合上升標拍賣」的利益

文｜陳由常

拍賣是常見的交易方式，包含大家習以為常的網路拍賣，
知名的藝術品拍賣活動，或是政府標案等。
而針對不同標的物或狀況，便需要相應的拍賣方式。
今（2020）年的諾貝爾經濟學獎，
頒發給改良拍賣理論及創新拍賣型態的兩位學者。
他們所設計的拍賣模式，改善了傳統拍賣所面臨的問題與難處，
並讓拍賣者與競標者皆能受惠於此。

羅伯特・威爾森
Robert B. Wilson
美國
美國史丹佛大學
榮譽退休教授
（圖／Andrew Brodhead 攝，
史丹佛大學提供）

保羅・米格羅姆
Paul Milgrom
美國
美國史丹佛大學
（圖／Andrew Brodhead 攝，
史丹佛大學提供）

提起拍賣，腦海中浮現的，可能是藝術品拍賣中，買家此起彼落喊價的場景，又或是夜市攤販活靈活現的叫賣聲。不論是蘇富比（Sotheby's）拍賣會還是夜市競標，都是賣方先宣布底價，再由買家互相競爭把價格不斷喊高，直到不再有人出價，賣方才宣布得標價與獲勝的買家。這種由下往上喊價、出價最高者得標的「英式拍賣（English auction）」，是最為大眾所知的拍賣方式。

然而，因標的物的不同或是情況所需，賣家也會採用其他的拍賣方式。如有賣家由高往低喊價直到有買家接受的「荷式拍賣（Dutch auction）」，例如台灣的花卉批發；也有只能出價一次，且買家互相無法得知彼此出價的「密封式第一高價拍賣（sealed-bid first price auction）」，例如政府工程招標；也有最高價者得標，但得標者僅需支付第二高價的「密封式第二高價拍賣（sealed-bid second price auction）」。以上幾種拍賣方式歷史悠久，廣泛地應用在各種商品與原物料的交易之中。

在科技進步且商業模式日益複雜的今天，各種新型拍賣也相應而出。像是網路搜尋引擎在拍賣廣告欄位時使用的「廣義第二高價付款拍賣（generalized second price auction）」，又或是政府在拍賣無線電通訊頻譜（如5G網路）所使用的「同時多回合上升標拍賣（simultaneous multi-round auction, SMRA）」，都是近三十年才發展出的拍賣方式。從杯中的咖啡到盤中的菜餚，從手中的電話到腳踩的公共運輸，拍賣與我們的日常生活息息相關。

基於經濟學對於買家出價策略的分析及對買家之間競合關係的洞察，本屆諾貝爾經濟學獎得主羅伯特‧威爾森（Robert B. Wilson）和保羅‧米格羅姆（Paul Milgrom），不只對於拍賣的基本理論有卓越貢獻，還親

身參與了新型態拍賣的開發。最著名就是前文提及的SMRA。據統計，
光是在頻譜的拍賣上，SMRA迄今已為各國政府製造約2000億美金的收
入。更重要的是，這套拍賣機制能有效的將頻譜分配給有競爭力的廠商，
讓新科技能廣泛為社會所用。

接下來，我們會先由基本的拍賣理論說起，介紹拍賣理論中幾個重
要的基本概念，並簡述今年兩位諾貝爾獎得主在拍賣理論上的貢獻。文
末我們將以頻譜拍賣為例，闡釋兩位獲獎者如何應用經濟學的思考方式，
設計出一套消費者、廠商與政府能夠三贏的拍賣機制。

## ◐ 私有價值與共同價值

拍賣理論中，會將拍賣分成「私有價值（private value）」與「共同
價值（common value）」兩種類別。私有價值，是指買家對於標的物的
估價，不受其他買家影響的情況。像是每年舉辦的「與巴菲特（Warren
Buffet）共進午餐」慈善拍賣，由於每個人的願付價格是主觀的，因此
可看作是私有價值。1996年的諾貝爾經濟學獎得主維克里（William
Vickrey），便是針對私有價值的拍賣理論進行分析，並證明了常見的拍
賣形式，例如英式拍賣和荷式拍賣中會產生相同的利潤。

但許多拍賣並不屬於私有價值，而是更貼近共同價值的情況。共同
價值指的是標的物對於所有買家具有相同價值的情況。比如說，一塊油
田裡的石油，對每一間石油公司都有相同的市場價值。共同價值模型同
時也強調拍賣中的不確定性。買家在競標時並不知道標的物的真實價值，
而是只有一個大略的估計，像是油田在開採之前，其可開採石油量是未
知的。當然，石油公司可以根據經驗做出預測，但估價並不會完全準確，
且不同買家的估價可能也有所出入。

## ◎ 大哥沒有輸！贏得拍賣卻輸掉荷包的贏者詛咒

今年的諾貝爾獎得主威爾遜的一個主要貢獻，便是提出共同價值拍賣的理論分析架構，並解釋了拍賣中「贏者詛咒（winner's curse）」現象如何影響買家的出價。贏者詛咒，說的是在標的物價值尚不確定時，得標的買家可能是因為估價太過樂觀才「脫穎而出」——贏了拍賣，卻輸了荷包。因此，為避免自己成為贏者詛咒的受害者，買家的出價會趨於保守。順帶一提，威爾遜是使用了1994年諾貝爾經濟學獎得主海薩尼（John Harsanyi）提出的「貝式納許均衡（Bayesain Nash Equilibrium）」進行分析。在此之前，經濟學家並沒有適當的工具來分析具有不確定性的賽局（game）[1]。

## ◎ 資訊愈流通愈不會產生贏者詛咒

如同私有價值的拍賣模型有所限制，純粹的共同價值模型也不符合許多真實世界的情況。再回到油田的例子，雖然石油的市場價值是所有石油公司共通的，但各家公司在開採技術上的差異，可能導致他們擁有不同的私有價值。其他例子也包括了文末會仔細討論的頻譜拍賣，雖然通訊頻段的市場價值是電信廠商共通的，但每一間廠商在建置成本和經銷通路等方面則有不同的私有價值。

今年的另一位得獎者米格羅姆則進一步擴展了威爾遜的分析，考慮同時具有私有與共同價值的拍賣模型，並得出一個深遠的洞察：愈能促

---

1 賽局泛指多方參與者（players）在彼此利害衝突的誘因結構下，追求自身利益極大化的的策略情境。國與國之間的軍備競賽、常見的撲克牌遊戲，或是買家在拍賣中的競爭，皆可看作賽局的例子。

進訊息揭露的拍賣形式,愈能提高最終的成交價。比如說,在英式拍賣中,由於在往上喊價的過程買家有機會觀察彼此的出價,所以比起賣家由上往下降價,買方僅有一次出價機會的荷式拍賣,英式拍賣會產生比荷式拍賣更高的成交價。換句話說,資訊愈流通,買家的不確定性就愈低;不確定愈低,贏者詛咒就愈不嚴重,得標價也得以提高。同理,賣家也可以透過提供第三方的估值報告來減低買方對贏者詛咒的顧慮,鼓勵買家勇於出價。這套透過資訊的揭露與流通價提高成交標的道理,經濟學家稱之為「聯繫原理(linkage principle)」。

## ● 對大家都有好處的SMRA

今年的兩位得獎者不僅是在拍賣理論上有重要貢獻,也在拍賣的實務設計上對社會帶來直接的正面影響。如同2012年的得主羅斯(Alvin Roth)透過機制設計(mechanism design)改善了器官捐贈的媒合效率,今年的兩位得主也運用了拍賣理論,除了協助政府能夠在拍賣中獲得可觀收入之餘,還能確保標的物能夠分配到最有效率的廠商。其中,最為人津津樂道的,便是兩位得獎者與曾任微軟首席經濟學家的麥卡菲(Preston McAfee)教授,一同為美國聯邦通訊委員會(Federal Communications Commission, FCC)設計的同時多回合上升標拍賣SMRA。

通訊頻譜作為一個標的物有幾個特別之處。首先,通訊頻譜同時具有私有與共同價值──市場對通訊技術的需求是共同的,但廠商在資本與技術上等差異,造就不同廠商有迥異的私有價值。其二,通訊頻譜是可以被切分的,為避免相互干擾,通訊頻譜可依頻率分成數個頻段,且不同地區的頻段也可以分開銷售。其三,鄰近頻段的使用權具有互補性,擁有兩相鄰地區的頻段,比起兩個不相連地區是來得更有價值的。最後,

提高拍賣收入並不是政府的唯一目標，其他考量也包括了公平性，像是保障小型的地方廠商得標的機會。

SMRA的運作方式大致如下：首先，各地區的頻段同時進行拍賣。當買家喊價時，必須同時對每個頻段出價。每一回合買家需將自己的出價以不公開的方式呈交給賣家，再由賣家宣布每一頻段的最高出價，再進入下一回合。直到每一個頻段都沒有更高的出價時，拍賣才正式結束。SMRA的設計有諸多地方值得討論。比方說，為何要同時拍賣所有頻段，而非一個一個頻段逐項拍賣呢？原因是逐項拍賣會提高買家的不確定性。由於廠商對於頻段的估價會依該廠商是否擁有相鄰地區的頻譜而異，因此在拍賣剛開始且獎落誰家尚未明朗之時，廠商也就難以評估目前正在投標的頻段最終價值能值多少。根據贏者詛咒的道理，不確定性愈高的買家出價就愈保守，也導致了成交價被壓低，但這樣的結果是政府不樂見的。反觀在同時拍賣時，買家在每一回合都有機會重新調整每個頻段的出價，大幅減低了買家的風險。

同樣基於促進訊息揭露的理由，SMRA採取的是多回合拍賣方式。也就是賣方會公布每一回合各頻段的最高出價，給買家作為依據價調整出價。但若是為了促進資訊的流通，為何不讓買家以公開的方式喊價呢？這其實是為了要避免買家勾結並聯合壓低價格的匿名措施。此外，出於公平性的考量，在1994年的FCC頻譜拍賣也設有一條規則：給地方廠商的出價額外10%的加成，並在拍賣後嚴格追蹤是否有轉賣的狀況發生。

在SMRA問世之前，頻譜的分配是個棘手的問題。由政府單位審核，難免有廠商遊說的狀況，而用抽籤的方式隨機決定又太草率，簡單的拍賣方式也於事無補。紐西蘭就曾有過大學生以一元紐幣得標的糗事，澳洲也曾因為拍賣設計的不完善導致付費電視晚了將近一年才正式啟用。

相較之下，SMRA的初登場不僅為美國政府帶來6億美金的收入，更重要的是，在高額成交價的背後，反映的是得標廠商有自信能夠妥善發揮頻譜的價值。好的頻譜拍賣方式，能把公共資源分配給有能力的廠商，使新科技能順利被用於造福大眾。

## ● 不斷演變的拍賣方式，深深影響我們的生活

從傳統到新型態的拍賣，包含了經濟學家漫長的知識探索。新型拍賣的設計，奠基於對傳統拍賣的理解；而拍賣理論的設計，又仰賴賽局理論（game theory）中的均衡解（Nash equilibrium，又稱納許均衡）概念；再繼續追溯下去，1994年諾貝爾經濟學獎得主納許（John Nash）在1950年所提出的納許均衡，也用上了拓撲學（topology）中的不動點定理（fixed-point theorem）。今年的諾貝爾經濟學獎，無疑再度提醒了我們，原本看似抽象的基礎研究，是如何開枝散葉，為社會帶來深遠的正面影響。

陳由常：時任加州大學聖地牙哥分校經濟學博士候選人

# 「因果推論」方法改革實證研究

文｜楊子霆

確認因果關係，是科學研究中相當重要的工作之一。而社會科學不同於自然科學能在實驗室驗證理論預測，因此學者們大多只能藉由觀察性資料進行實證研究。經濟學家約書亞・安格里斯特（Joshua Angrist）與吉多・因本斯（Guido W. Imbens）等人，提倡各種「因果推論」方法，讓研究者可以在合理的假設下使用觀察性資料，並認定因果關係。本屆諾貝爾經濟學獎得主的選擇，是對於過去三十年經濟學實證研究改革運動的肯定，因為能確認因果關係的實證研究，才有辦法驗證甚至是修改既有理論，幫助經濟模型的論述更接近真相。

約書亞・安格里斯特
Joshua Angrist
美國、以色列
麻省理工學院
（圖／Lillie Paquette）

吉多・因本斯
Guido W. Imbens
荷蘭、美國
美國史丹佛大學
（圖／Andrew Brodhead，
Stanford News Service）

幾乎所有科學理論都在闡述因果關係，也就是說明為何「X會導致Y」，X是原因或稱處置（treatment），Y則是結果。經濟學也不例外，像是需求法則（The Law of Demand）中，預測商品價格（X）上漲造成人們對商品的需求（Y）下降；人力資本理論推測，受教育年數（X）愈多，未來工作的薪資（Y）愈高。一套理論是否有用，除了邏輯一致外，所提出的「因果關係」也要能通過現實資料的檢驗。

## ● 因果關係與不存在的「反事實」世界

判定因果關係最重要的步驟，是在比較「事實」與「反事實」的狀況下，人們所關心的結果有什麼差異，例如要了解取得碩士學位對薪資的影響，就必須比較同一個（群）人在同一時間，選擇唸與不唸研究所的兩個平行世界裡，未來工作的薪資是否不同。因為是比較同樣的人，除了學歷外，其他的條件都相同，若是他們的薪資出現差異，則可歸因於有無碩士學位。

然而，人生無法重來，目前科技還沒有穿越時空的本事，可以讓人返回過去做另一個決定，來看看後果有無不同，因此「反事實」的結果難以在現實世界中被觀察到。我們唯一能做的，就是盡量排除其他因素的影響，確認某個原因（處置）造成的效果。

## ● 社會科學的因果推論

不像自然科學的研究者能在實驗室「乾淨」的環境裡，進行隨機試驗（randomized controlled trial），控制各種干擾因素的變化，並推論變數間的因果關係。對於社會科學而言，因為研究對象是具有自由意志的「人」，因此大多數的議題，研究者很難直接操控「人」進行實驗，只能退而求其次，使用相對「骯髒」的觀察性資料（observational data），比較

那些做出不同選擇的兩群人,分析他們在結果上的差異。由於其他干擾因素太多,這類資料若無好的實證方法引導,往往只能得到變數的相關性。

## ● 工具變數與自然實驗

今(2021)年諾貝爾經濟學獎的三位得主中,安格里斯特(Joshua Angrist)與因本斯(Guido Imbens)在1990年代起發展與提倡各種「因果推論」(causal inference)方法,讓研究者在一些合理的假設下,也能使用觀察性資料,認定因果關係。這些方法通常是利用政策變革、法律規定,或風俗習慣作為分配處置的「工具」,讓一組人得到處置,另一批人沒被影響,「自然」地創造出類似實驗的狀態,從而估計處置的效果。

以下用安格里斯特與已故經濟學者克魯格(Alan Krueger)在1991年於《經濟學季刊》(*The Quarterly Journal of Economics*)中,發表關於教育對未來收入影響的經典研究,說明「工具變數」與「自然實驗」的概念。

## ● 多念書可以提高未來收入嗎?

教育是累積人力資本的主要方式,接受更多教育能否提高未來收入,也一直是經濟學家與政策制定者關注的焦點,但要驗證這個因果關係卻會面臨許多挑戰。如果比較多念一年書與沒多念的人,確實通常會發現教育年數長的人收入較高。然而這個發現可能不是因果關係,只是反應了這兩群人,在家庭背景、個人能力或偏好上的差異,讓教育年數與未來收入呈現正相關。例如讀書能力好的人,比較容易考上學校繼續學習,同時也較有機會獲取高薪,跟他們有無多念書反而沒有太大關係。

為了排除眾多干擾因素的影響,安格里斯特與克魯格利用美國義務教育法中關於入學與退學的規定,創造出個人的教育年數會隨著其出生

季度而改變的「自然實驗」。首先，美國各州通常規定只要當年年底滿6歲的小孩，就能在同年9月分入學。此一限制會讓出生於不同月分的孩子，入學年齡產生差異，例如12月出生的人，可以在將滿6歲那年的9月就去上學，故他們入學時年齡還不到6歲；但1月出生的孩子，在9月入學時，年齡卻已經接近7歲。

此外，美國義務教育法規定，學生必須年滿16歲才能離開學校。結合這兩項規定便讓個人的出生季度與教育最低年限產生了關聯，對於一個在第四季（9～12月）出生的人，年滿16歲能夠選擇輟學時，他受教育的年數會超過10年；但另一位在第一季（1～3月）出生的學生，年滿16歲時，念書時間則不到10年。而安格里斯特與克魯格確實也發現到，出生在第一季的人平均受教育的年數較短。

因此，他們利用個人的出生季度，作為造成受教育年數改變的「工具變數」，用以估計教育對未來收入的因果關係。工具變數的作用在於將受教育年數（原因）的變化來源區分成兩種，第一種是來自於其他變數，特別是也會影響未來收入（結果）的干擾因素，像是個人能力、家庭背景等；另一種則源自於個人出生季度的不同。

理論上，每個人的出生時間點幾乎無法經過人為操弄，不太可能直接影響個人未來的收入，也很難想像與其他干擾因素的關聯性，唯一會讓出生季度影響未來收入的機制，就是透過上述義務教育制度來改變教育年數。研究者便能利用由個人出生季度不同引發的在學年數變化，估計教育對收入的影響。

安格里斯特與克魯格利用這個自然實驗建立的因果關係顯示，唸愈久書的人確實會導致更高的未來收入：增加一年的教育對收入的影響是9%，該結果與股票的平均年報酬率6.7%相比，教育的投資算是高報酬的。

## ◉ 當兵對人生是福是禍？

近年來台灣對於是否恢復徵兵制爭論不休，其中一個主要的反對理由是當兵會打亂人們的生涯規劃，像是升學、找工作等，對個人勞動生產力有負面影響。然而，要驗證這個推論並不容易，因為要不要當兵在許多國家是個人選擇，也有很多因素可能同時影響人們服兵役的決策與未來的收入，例如家庭背景、健康狀況、個性等。

安格里斯特在1990年發表一篇登在《美國經濟評論》(*American Economic Review*)的論文中，針對這個議題利用「工具變數」創造的「自然實驗」，分析其中的因果關係。在1967～1973年越戰期間，美國政府為了公平起見，隨機分配一個抽籤號碼給所有年滿20歲的青年，並規定抽籤號碼在某個數字以下的人就必須參加越戰。由於這些抽籤號碼與那些可能會同時影響當兵意願與未來收入的因素，像是個人特質、家庭背景等都無關，但卻能決定一個人是否有資格當兵。

因此，這些抽籤號碼便是一個好的工具變數，可以幫助研究者排除其他因素的干擾，確認服兵役對薪資的影響。利用這個巧妙的自然實驗，安格里斯特發現，因抽籤號碼小於門檻值而當兵的人，十年後，相較於其他沒當兵者，薪資少了10～15%，特別是黑人，服兵役對其薪資的負面影響更大。

## ◉ 誰的因果關係？

過去三十年間，在本次三位得主的引領下，實證研究者利用各類「工具變數」創造的「自然實驗」，驗證許多重要的理論預測與因果關係。然而，我們若是深入去思考這些「實驗」後會發現，實驗中所估計的因果關

係都奠基在相對特殊的情境與樣本。因此，這也引發下一個問題：這些估計效果適用於哪些人？代表哪個群體的因果關係？

因本斯與安格里斯特在1994年發表於《計量經濟學》（*Econometrica*）的文章中，利用嚴謹的數學證明，詳細說明這些用「工具變數」方法估計因果關係的侷限性。基本上，估計的效果只適用在那些有無得到處置是受到「工具變數」影響的群體，例如用出生季度作為在學年數的「工具變數」所估計的教育對未來收入的影響，只適用在滿16歲就會立刻離開學校的人，未必能代表教育對其他群體（例如會繼續唸書的人）的效果。因此了解估計因果關係所適用的對象，是在進行因果推論時需要特別注意的。

## ◎ 實證研究與科學進程

長期以來，諾貝爾經濟學獎都偏好把獎項頒給在理論上有重大突破的個體、總體或計量經濟學家，像是2018年的得主羅莫（Paul Romer）開創內生經濟成長理論；去（2020）年的得主米格羅姆（Paul Milgrom）和威爾森（Robert Wilson）在拍賣理論的貢獻；2003年的得主恩格爾（Robert Engle）與葛蘭傑（Clive Granger）對於時間序列計量理論的創見。

然而，獨尊理論推導，輕忽實際驗證，也顯示了經濟學離真正的科學還有一段距離。一套理論是否正確，不只是論述的邏輯一致即可，還需要得到實際資料的支持，理論與實證研究是相輔相成，皆在科學進程扮演重要的角色。

本屆諾貝爾經濟學獎得主的選擇，是對過去三十年經濟學實證研究改革運動的肯定，因為能夠確認因果關係的實證研究，才能驗證甚至是修改既有的理論，幫助經濟模型的論述更接近真相。

楊子霆：時任中央研究院經濟研究所副研究員，兼任政大應用經濟學程與臺大經濟學系副教授。

# 自然實驗分析勞動市場

文｜田維華

過去的經濟理論提到，提高最低工資將會增加失業率。
但在經濟學家大衛・卡德（David Card）利用自然分析、
差異中的差異法，分析美國新澤西州及賓州兩地的速食業者，
當新澤西州最低工資調漲之後的就業人數變化後，
發現最低工資的提高並不會造成失業增加。
這項研究驗證了經濟學的理論與實際不一定會相符，
並顯示了就算不以隨機實驗的方式，
也能利用自然實驗，以因果關係探究社會科學。

大衛・卡德
David Card
加拿大、美國
加州大學柏克萊分校
（圖／Brittany Hosea-Small）

今（2021）年諾貝爾經濟學獎得主之一的卡德，是加拿大裔美國人，目前擔任加州大學柏克萊分校（Universityof California, Berkeley）經濟學教授。卡德以對勞動經濟學的實證貢獻獲得殊榮，並利用自然實驗分析最低工資、移民、教育等對勞動市場的影響。

## ◎ 最低工資的提高並未造成失業

經濟學家建構以數學為架構的經濟理論模型，此模型解釋實際生活中觀測到的經濟現象和預測，因此在經濟學的分析裡，以數學架構出發的理論模型若能與實際生活結合，更能引起普羅大眾共鳴。卡德藉由數據資料進行實證模型的分析，提供了勞動經濟學理論（labor economics）與現實狀況的結合，也就是藉由統計資料分析，將經濟理論與現實接軌。然而，實證分析的結果和理論卻不一定會相符。

1994年，卡德和當時普林斯頓大學的同事克魯格（Alan Bennett Krueger），以自然實驗（natural experiment）或稱準實驗（quasi-experiment），檢驗提高最低工資會造成失業增加的勞動經濟理論，將最低工資有調漲的新澤西州（State of New Jersey）訂為實驗組，而以比鄰且最低工資無調漲的賓州（Commonwealth of Pennsylvania）作為控制組，並採用統計方法中「差異中的差異法」（difference-in-difference, DID），分析兩州的速食業者在新澤西州最低工資調漲後的就業人數變化。

兩位學者自行收集資料後進行分析，結果發現並無證據支持最低工資調漲導致新澤西州就業人數顯著下滑，是故在實證層面上看來，提高最低工資並不會增加人們的失業率。而這項實證研究的結果，和過去經濟學理論提出的模型相左。

## ◉ 最低工資造成失業增加理論背景

為什麼最低工資的調整會造成失業增加？其實這是因為當最低工資提高到比原本的均衡工資[1]高的時候，在其他條件不變的情況之下，例如勞動需求方沒有額外的經費雇用勞動力，現有的經費不足以再雇用和最低工資尚未提高之前一樣的勞工人數，因此勞動需求量減少；然而勞動者（勞動供給方）則會因為最低工資的提高，而出現勞動供給量增加的情形。當勞動市場裡的勞動供給量超過勞動需求量，就會形成勞動力供過於求的情形，造成失業現象。

## ◉ 自然實驗

一般研究是指以「隨機」的取樣方法進行實驗，但自然實驗與傳統的隨機實驗不同，是由「控制之外的自然因素」所影響，而非由實驗者控制。因此像是最低工資政策的實施，屬於政府介入實施政策，可視為一種自然實驗。

在卡德和克魯格於1994年所發表的論文中，受到最低工資政策影響的新澤西州可視為實驗組。為了評估最低工資政策實施對新澤西州就業量的影響，我們可以比較新澤西州在最低工資政策實施前後就業量的差異，然而在現實生活中，也可能有其他因素會影響新澤西州在最低工資政策實施前後的就業量，故必須要使用一個控制組來區分這些因素，找出最低工資政策的真實效果。而選取控制組的特徵和實驗組特徵需相似，只是沒有受到最低工資政策的影響，因此相鄰的賓州就雀屏中選了。

---

1 勞動市場的均衡工資水準，是指此工資水準可使市場上勞動者的勞動供給量等於企業方的勞動需求量。

　　利用自然實驗研究，可以確認最低工資政策實施與就業量的因果關係（causality），否則若是僅利用單純的觀察資料，則只能看出最低工資政策實施與就業量的相關性，因此自然實驗研究法可用以評估政策實施的因果效果。

## ◎ 差異中的差異

　　差異中的差異為一種統計方法，可以應用在自然實驗的數據資料研究分析。卡德和克魯格以未受到最低工資影響的賓州做為作為控制組，並且以賓州就業量的變化趨勢當作基準（控制組），也同時觀察新澤西州組（實驗組）就業量的變化趨勢。而相鄰的這兩州具有相同的時空背景，例如總體經濟環境及氣候都類似，其他因素造成兩州就業量的變化差異不大，因此將新澤西州就業量的變化「差異」扣除了賓州就業量的變化「差異」後，也就是扣除了由於其他因素造成新澤西州就業量的變化後，新澤西州就業量的變化就是「差異中的差異」，即來自最低工資政策的影響。

## ◎ 移民和教育對勞動市場的影響

　　此外，卡德的研究還包含移民和教育對勞動市場的影響。在他一篇相當著名有關馬列爾事件（Mariel boatlift）的論文中，探討在1980年大量古巴難民經由古巴馬列爾港移民至邁阿密後，對邁阿密當地勞動市場的影響。根據研究，這些古巴移民大約提高了邁阿密的勞動力達7%之多，且大多屬於不具備技能的勞動力（unskilled labor），因此馬列爾事件形成了一個自然實驗，可用以評估古巴移民對邁阿密低技能職業與行業勞動市場的影響。

　　卡德採用美國普查局（U.S. Census Bureau）與勞工統計局（Bureau

of Labor Statistics）的人口現況調查（Current Population Survey）資料進行統計分析，並且以邁阿密為實驗組，選取了亞特蘭大、休士頓、洛杉磯、坦帕等4個經濟成長與人口結構狀態類似邁阿密的城市，作為控制組進行分析。

　　研究結果發現，移民的湧進對邁阿密勞動市場低技能工人的失業率和工資並未有顯著影響，也就是沒有失業率提高或工資降低的情形，卡德的研究顯示移民對本國勞動市場的影響甚微。在教育方面的研究，則有針對學校教育品質和教育報酬（以每週薪資表示）的分析，他使用1980年人口普查的收入數據，探討1920～1949年之間出生的男性，就讀公立學校的教育品質對其教育報酬的影響。研究結果發現高教育品質的指標，例如具有較小師生比、平均學期較長，以及教師平均年薪愈高，對教育報酬具有正面影響，亦即較佳的教育品質對學生未來教育報酬有正面影響，因此公立學校教育資源的投入是有益的。

## ● 經濟學的實證研究

　　卡德以實證研究的方式分析最低工資、移民、教育等因素對勞動市場的影響，驗證了經濟學的理論與實際不一定相符。同時，其研究也顯示了就算不使用隨機實驗，也能藉由自然實驗的方法，將因果關係界定以探究社會科學中重要的問題。

　　卡德在實證勞動經濟學的貢獻，讓我們對經濟學的認識更貼近社會，並能判別公共政策執行的好壞。此外，也讓我們對經濟學的學習及研究，獲得更大的能力發掘並解決更多的問題，同時更提供了社會科學實證研究的基石與政府施政的參考。

**延伸閱讀**

1. David Card and Alan Krueger, Minimum Wages and Employment: A Case Study of the Fast Food Industry in New Jersey and Pennsylvania, *American Economic Review*, Vol. 84, No. 4., 772-793,1994.
2. David Card, The Impact of the Mariel Boatlift on the Miami Labor Market, *Industrial and Labor Relations Review*, Vol.43, No.2, 1990.
3. David Card and Alan Krueger, Does School Quality Matter? Returns to Education and the Characteristics of Public Schools in the United States, *The Journal of Political Economy*, Vol. 100, No. 1, 1-40, 1992.

田維華：時任成功大學經濟系副教授。

# 21世紀諾貝爾經濟學獎
## 2001-2021

作　　　者　科學月刊社
副 總 編 輯　成怡夏
主　　　編　鍾涵瀞
特約副主編　李衡昕
行 銷 總 監　蔡慧華
封 面 設 計　白日設計
內 頁 排 版　黃暐鵬

社　　　長　郭重興
發 行 人 暨
出 版 總 監　曾大福
出　　　版　遠足文化事業股份有限公司　鷹出版
發　　　行　遠足文化事業股份有限公司
　　　　　　231新北市新店區民權路108-2號9樓
電　　　話　（02）2218-1417
傳　　　真　（02）2218-8057
客 服 專 線　0800-221-029

法 律 顧 問　華洋法律事務所　蘇文生律師
印　　　刷　成陽印刷股份有限公司
初 版 一 刷　2022年5月

定　　　價　360元

國家圖書館出版品預行編目（CIP）資料

21世紀諾貝爾經濟學獎：2001-2021／科學月刊社作.
－初版.－新北市：遠足文化事業股份有限公司鷹出版：
遠足文化事業股份有限公司發行，2022.05
　面；　公分
ISBN　978-626-95805-1-4（平裝）
1.CST: 經濟學家 2.CST:諾貝爾獎 3.CST: 傳記
550.99　　　　　　　　　　　　　　　　111003857